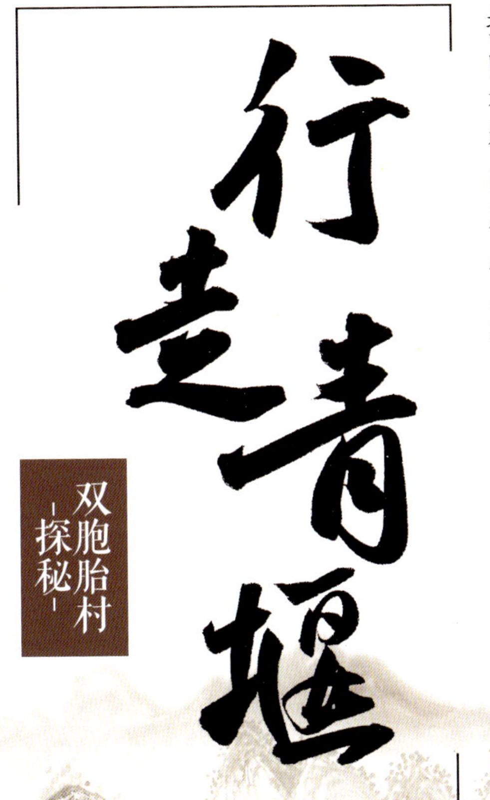

讲述川黔古道的如烟往事
探幽神秘的双胞胎村

庞国翔 主编

品◎原生巴渝文化
览◎千年原始森林
享◎麻辣珍馐山味
赏◎质淳渝黔民俗

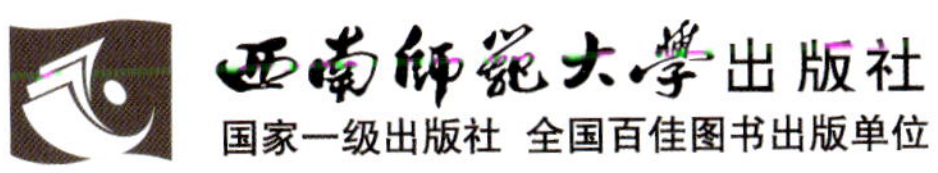

图书在版编目（CIP）数据

行走青堰 / 庞国翔主编. -- 重庆 : 西南师范大学出版社，2018.7
ISBN 978-7-5621-9452-1

Ⅰ. ①行… Ⅱ. ①庞… Ⅲ. ①散文集－中国－当代 Ⅳ. ①I267

中国版本图书馆 CIP 数据核字 (2018) 第 151729 号

行走青堰

XINGZOU QINGYAN

庞国翔 主编

责任编辑：李晓瑞
整体设计：知润时创作团队
封面题字：林建
排　　版：李楠　杨雪
出版发行：西南师范大学出版社
网　　址：www.xscbs.com
地　　址：重庆市北碚区天生路 2 号
邮　　编：400715
经　　销：全国新华书店
印　　刷：重庆新金雅迪艺术印刷有限公司
幅面尺寸：190mm×210mm
印　　张：8.75
字　　数：236 千字
版　　次：2018 年 9 月第 1 版
印　　次：2018 年 9 月第 1 次印刷
书　　号：ISBN 978-7-5621-9452-1
定　　价：58.00 元

编委会

青堰往事

一条石板铺成的古道，静静地沉睡在山间及膝的荒烟蔓草中，随着山势的起伏，错落绵延伸向远方。铺路的石板已经被岁月打磨成沧桑的模样，野草和青苔在石板上恣意攀爬，覆盖住一段尘封的历史。唯有石板上的裂纹和那破碎的边角，诉说着曾经的人声鼎沸，车水马龙。

在青堰附近的起伏群山中，时常能够看到这样沉睡的古道。阳光透过树荫聚散成模糊的光影，在古道间徘徊流转，如时光不息的沙漏。青堰沧海桑田的百年变迁，像一场经年迷醉的旧梦，和草木的枯荣、人世的兴衰一起，浮沉进亘古的地老天荒。

青堰近代风云变幻的百年历史，是古老的巴渝商业文明由传统走向现代沧桑历程的缩影。川黔盐道自古以来就是中国的三大官道之一，“青堰商道”地处重庆至贵州的必经之路，是川黔盐道上一个无可替代的华彩片段。从旧社会激荡传奇的青草坝，到民国时动荡变迁的青堰场，从解放后蛰伏待发的青堰村，再到今天重获生机、焕然一新的双胞胎村，古老的青堰商道见证了兴衰，见证了成败，见证了繁荣与阵痛，见证了新老文明激烈碰撞中青堰的每一次蜕变。

悠长的马铃声再次在历史的长河中回荡，敲醒青堰的繁华往事。

清朝道光三年（1823），一群年轻人走出了环绕着青草坝的群山。

贵州素不产盐，历史上贵州人民所食之盐主要是川盐、淮盐、粤盐和滇盐，其中川盐所占的比重最大，川黔盐道途经江津、四面山、双凤至贵州，作为古代巴蜀地区对官道的重要补充，成为一条名副其实的黄金商业通道。当时各地运往贵州的盐、货物都要经长江、笋溪河水运达江津中山码头，之后再经由陆路转运。而从江津到贵州之间的道路遍布崇山峻岭和高峡深谷，盐道只能或铺石梯，或绕岩凿道，地势艰险，车马难行。以往行走于这条盐道的多是贵州的人力挑夫，他们随身带一根“T”字形的手杖，赶路时，这根手杖便是最大的助力，走累了，便坐在手杖上休息。

清朝道光年间，青草坝人开始成立马帮，以骡马为脚力，在陡峭的群山之间从中山码头到贵州转运盐和货物。

由江津到贵州之间的盐道以栈道、槽道、木桥、石梯等连缀而成，行路之难大有难于上青天之感。盐道上的有些山路开凿于悬崖边，狭窄仅容一人通过；有些垂直陡峭，必须手脚并用，才能攀爬而上……加上年久失修，马帮经由这样的道路运盐、运货，其中艰险难以预计，损失自然也无可避免。在最艰难的路段，有时甚至需要多人搭成人梯，才能勉强通过。为了骡马能够顺利行进，马帮成立之初，每次运货都要重新修整盐道，拓宽石板，加固栈道和木桥，就地取材搭建石阶，为后人清除路上的险阻与障碍。日复一日，年复一年，一代又一代的马帮人打拼在川盐古道上，历经了二十多年的艰辛，终于完全打通了一条可供骡马顺利通行的路道。

古老的川黔盐道在马帮的开拓下逐渐繁荣起来，往来商队川流不息。马帮一天可走50公里，把盐巴、铁矿、布匹、洋货运到贵州，再从贵州运回棕片、桐油、猪鬃、木材等紧俏货物。而随着马帮日益壮大，青草坝成为当时川黔盐道上重要的中转点，来往的运盐商队在此歇脚，周边的商品也开始在此交易，场镇上，客栈茶馆林立，商铺酒楼喧嚣，渐渐形成了远近知名的“青草集”。

从公元1840年鸦片战争爆发，直至1911年辛亥革命前的七十多年间，青草集迎来了最繁荣鼎盛的黄金年代。每天天还未亮，青草集已经人声鼎沸，马帮吆喝着装载货物，在早早开业的酒楼里吃上一顿临行前的酒饭；往来的商队在市集上讨价还价，交易着各自手里的货品；转运的骡马从码头拉来了新货，大小银号、当铺、布庄、商号的伙计徘徊在自家门前，大呼小叫地招呼着生意……这样的热闹与喧嚣从早持续到晚，巨大的财富在青草集上流转，商业的繁荣让人目不暇接。

那是青草坝最繁华的年代，也是一个英雄辈出的年代。经历了几十年的发展，马帮已经由过去零散的商队转而形成了几股不同的势力，几大马帮的帮主无疑是青草集上呼风唤雨的风云人物，当地人口中的“秦二爷”秦升就是其中的代表。白手起家的他十几岁加入马帮，靠着一股拼劲与狠劲带起一帮兄弟，用了二十余年的时间，把自己的马帮壮大成当时的四大马帮之首，成为雄霸一方的风云人物。在青草集停留的日子里，每天午后到傍晚，人们都能看到他在青草集最大的一家酒楼二楼包上一个房间，俯视着脚下的人间繁华。

有利益的地方便有纷争。马帮的兴盛也带来了马匪的猖獗，于是青草集上便经常上演着马帮与马匪激斗的场面，镖局的生意也随之兴起，招揽着马帮之外的零散商队。

入夜，青草坝上灯火通明，青草集开始展现出它的另一面。林立的烟馆亮着诱惑的灯光，招呼着商路上疲惫而空虚的灵魂；浓妆艳抹的妓女斜倚门楼，甩着帕子，对过往的行人抛去诱惑的媚眼；街道的转角，晚归的商队与马匪遭遇，正在打斗中苍白地抵抗，而过往的行人却无暇理会，每个人都行色匆匆，寻找着今夜的灯红酒绿、歌舞升平。

时代的风云剧烈地动荡，古老的青草集依然沉醉在自己醉生梦死的时光里，直到有一天，被历史的惊雷蓦然唤醒。

公元1912年，革命党在南京建立临时政府，青草集更名为“青堰场”。青草坝人剪了辫子，由此变成了青堰场人。在此后数十年间的风云变幻中，青草集终于在整个中国动荡的大背景下沉寂了下来，战火频仍中，盐道的生意越来越没落，马帮的数量也越来越少，当年鼎盛的川黔盐道，早已日薄西山，在历史的洪流中拼死挣扎。

公元1949年，中华人民共和国正式成立，青堰场更名为青堰村，盐道开始变成马路，青堰场终于彻底荒芜。兴于盐道，衰于盐道，青草坝那段汹涌激荡的繁华，从此烟消云散，湮没在了历史的尘埃中。

古老的青堰睡了，从此一梦便是六十余年。

2014年四屏镇建立，再次唤醒了蛰伏的青堰。双胞胎村之名传播开来，各地的游客开始被那段传说吸引，慕名来到青堰。而一个全新的景区也开始开发建设，旧梦醒来了，古老的青堰正焕发着全新的生机。

目　录

第三章 鸣蝉

第四章 秋韵

第五章　冬藏

第六章　灵萃（重庆青年作家创作文汇）

第一章 源

泉佑青堰，成双成对成好事*

陈氏夫妇感念上苍，掘泉为井，取名『双生泉』，引水筑堰，名曰青堰。青山、泉水赋予了村落生生不息的生命之力，村民请来佛匠在山岩上雕刻出山王菩萨，终年香火供奉。青堰之名由此而生。

青堰，一个被上天眷顾的地方；
这片山青水灵的土地上，镌刻着一段传奇的故事，
为千古巴渝盐道写下浓墨重彩的一笔，
也为青堰世代留下宝贵的文化遗产。

青堰的故事大约可追溯至明末年间，那时青堰还名为青草坝，是巴渝古盐道的必经之地，青草坝的发展历程浓缩着时代的演变与古盐道的兴衰。

明朝末年的古盐道空前繁盛，万千马帮和背夫往来不绝，很多青草坝的村民为改善生计也加入盐运。其中有一个年轻的马夫陈郎，与妻子陈氏从小青梅竹马，婚后恩爱无比。唯一遗憾的是，二人结婚多年，膝下却无一儿半女，夫妻俩为求子散尽家财。陈郎贩盐途中听闻哪里有良医，无不登门拜访，途经寺庙必要焚香

* 本书一至五章文字、图片均由知润时创作团队提供。

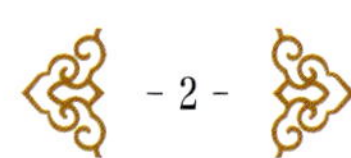

请愿，其虔诚之心人皆为之感叹。

渝盐入贵，千里山道路迢迢，马帮走一趟就是一月半旬，甚是辛苦。陈氏深感夫君运盐艰辛，除了在家侍奉公婆、操持家务外，时常登山遥望，祈求夫君平安，等待丈夫归来。

然而，天有不测风云，人有旦夕祸福。那日，陈氏如往常一样登上山头，盼来的却是担架上昏迷的丈夫。原来陈郎在归家途中不慎失足掉落山崖，致头部受伤昏迷。郎中断言，如三日内不苏醒，恐有性命之忧。陈氏闻之，悲痛交加，不眠不休守在丈夫身旁照顾，如是三天……

那夜月朗星稀，陈氏神思恍惚间，见一个手持竹杖的老者飘然而至，留下一句话："村头竹林下有两汪泉眼，此泉有灵，可助你得偿心愿。"话毕，老者化作烟云消散。陈氏猛然惊醒，急忙赶至林边，果见两股泉眼就地涌现。陈氏当即

跪倒泉边，感谢神灵开恩。

陈郎饮泉醒来，如大梦一场。夫妻俩历经劫难后更觉生之可贵，恩爱更甚。

一年后两人喜得龙凤胎，自此儿女双全，合家圆满。陈氏夫妇感念上苍，掘泉为井，取名“双生泉”，引水筑堰，名曰青堰。青山、泉水赋予了村落生生不息的生命之力，村民请来佛匠在山岩上雕刻出山王菩萨，终年香火供奉。青堰之名由此而生。

陈氏辞世后，山崖上悄然间长出一块形如母亲、两块状如双生婴童的岩石，后世人称之“双母石”与“双子石”。传说中，这是陈氏化身磐石，世代守护这个山青水灵的地方，泉佑青堰，成双成对成好事。

此后，青堰双胞胎频繁诞生。而今全村 367 户人家，就有 39 对双胞胎，双胞胎村之称亦由此而来。

第二章　万物生

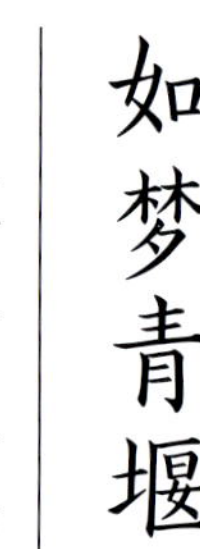

如梦青堰

在青堰的春天，生活可以以各种你意想不到的形式呈现。那是青堰与自然对话的方式：万物生，而有灵。

生命之始，大抵始于水。春天也同样。

当山间泉水的奏鸣从低沉转向灵动，又是一个春天在青堰苏醒。

如果说春天是有声音的，那么在青堰，这种声音一定是山间的水声。那飞流直下的瀑布，是春迫不及待的喜悦；那潺潺流淌的山溪，是春唯美浪漫的情怀；那汩汩而涌的泉水，是春轻盈明快的欢唱；那清脆滴答的雨滴，是春对岁月流逝之记录。

青堰的山泉，在四时有着不同的声音，春之生机蓬勃，夏之华丽灵动，秋之宁静悠远，冬之内敛沉静。随着双子峰山巅的残雪消融，沉寂了一冬的山泉如同最神奇的画笔，将青堰的万物温柔唤醒。

春水流过山巅的雪线，融化残冬的白雪。层叠的山峦在春水的轻抚下褪去朦胧的面纱，如云雾中的蓬莱，绿得苍翠，绿得神奇，绿得逶迤而生动。仿佛镜头中影像的快进，一夜之间，水碧，山青。山因水的滋润而生机勃勃，水因山的映衬而多姿空灵。

春水流过古老的丛林，层层叠叠的山林如潮水般包围过来，鲜嫩欲滴的绿意在四周幻散，仿佛要将世间万物都融化进那片生命沉郁的色彩。伫立在青堰茂密

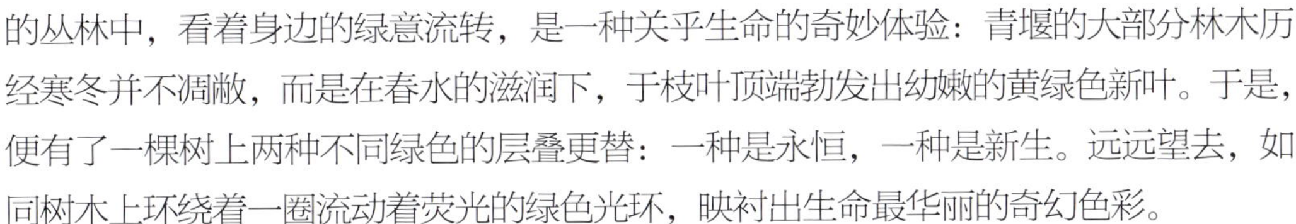

的丛林中，看着身边的绿意流转，是一种关乎生命的奇妙体验：青堰的大部分林木历经寒冬并不凋敝，而是在春水的滋润下，于枝叶顶端勃发出幼嫩的黄绿色新叶。于是，便有了一棵树上两种不同绿色的层叠更替：一种是永恒，一种是新生。远远望去，如同树木上环绕着一圈流动着荧光的绿色光环，映衬出生命最华丽的奇幻色彩。

春水流过山间的谷地，山间的碧草在房前屋后、河畔林间铺展开来。青堰的草，有着迥异而缤纷的不同形态。从古老而厚重的苔藓，到缠绵如茵的苇丝，千百种不同的绿，让人惊叹于造物的伟大与神奇。而其中绽放得最为恣意的，是那山岩上的半枝莲，纤弱而饱满的翠绿叶片簇拥在一起，在墙脚下、树根旁，甚至是岩石山壁的夹缝中盛开出一朵朵指甲盖一般大小的嫩绿莲花，在饱含着水汽的绿意中兀自纤弱而坚韧地摇曳着。万物皆有灵，哪怕最渺小的生命，也能在青堰的春天里成长为最绚烂的姿态。

春水流过半山的小径，各样的野花喧哗着向时间的彼岸延伸。金黄的油菜花在碧草如茵的锦绣中流动着金色的波浪，引来了闻香而来的野山蜂。而最引人注

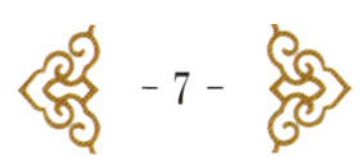

目的，则是山间一棵棵繁花满天的野樱桃，微微泛着粉红的洁白花瓣正怒放至极致，漫山遍野扬起一场纷纷扬扬的花雨。

春水流过山腰的双胞胎泉，泉边的翠竹枝叶日渐茂密。青堰人爱竹，房前屋后，林间拐角总有那么一丛亭亭玉立的竹。而每当春天来临，双胞胎泉边的一片翠竹，似乎总能最先感应到春的消息。修长的竹竿之下，鲜嫩的笋芽成双成对地急切冒出地面，竹林环绕着白墙黑瓦的村舍，一对双胞胎孩童在林间欢笑着奔跑嬉戏，描绘着如春天一样无限张扬的希望与活力。

春水流过嶙峋的山石，山间的藤蔓摇曳着迎风舒展开来。青堰的山崖上，亘古静立着两块天然形成的人形岩石，村民形象地为它们命名为“双胞胎石”。山壁上的藤蔓攀爬上被风霜雕琢的双生石，似乎也为山石注入了生命。岩壁之下，一对年轻夫妻正在虔诚地许愿，希望在生生不息的青堰春天里，也能播种下神奇的生命种子。

春水流过山中的峡谷，整个青堰的生机在一瞬间尽收眼底。优美逶迤的山岭在身边蜿蜒盘旋，俯瞰足下，白云弥漫，云雾缭绕，层层叠叠的梯田如铺着绿毯的登山石梯。明净的笋溪河如同一条晶莹的白练，烟波荡漾着群山苍翠的碧影，如同一面奇幻的明镜，倒映出青堰春天的万物生机。

随意沿着一条小径向山林深处走去，马上就陷入了一片绿色的海洋。身边是碧绿的灌木，头上是苍翠的枝叶，树干上缠绕着藤蔓，脚下的山道上，绿草与青苔相伴，指引着人们走向春天的方向。山林的深处，不时能传来几声山鸡的啼叫，诉说着这片山林与生灵生生不息的繁荣。

青堰的春天，是生机勃勃，是变幻不息，是包容万物，是一切完整而自然的生命形态。而其中，自然也包括了万物之灵——青堰村民。

在青堰的春天，生活可以以各种你意想不到的形式呈现，也许是春耕的忙碌，也许是观花的闲适，也许是一场丛林的探险，也许是一份听雨的悠然。那是青堰与自然对话的方式：万物生，而有灵。

岚霭

阳光穿透山林茂密的枝丫，林中的雾气，也被染上了一层饱含着水意的绿，和山中的草木生灵一样，在这片山水间发芽、生根，千万年周而复始地自在生长着。

清晨，漫步于青堰的山林之中，山间的晨雾，气晕盎然。枝丫把阳光分散，一股股穿过雾气，洒落在林间的茵茵碧草之上。

晨风习习，琼枝带露，茫茫大雾笼罩山林大地，似在天地间下着一场温柔到极致的雨。

与别处的雾气不同，青堰林中的岚霭，仿佛也是有生命的，带着造化与生俱来的灵气。

雾由水而生。每个晨光初绽的时分，青堰的雾在笋溪河上空升腾而起，蜿蜒着，顺着布满了青苔的石灰岩攀爬上去，沿着赤褐色的山峰斜坡铺展开去，如同一条灵蛇，渗进了岩壁，钻进了丛林，融进了云端，一股股蔓延至整个天地。

没有到过青堰，你也许从未想到，雾气原来也可以变幻出如此莫测的形态。

平明时分，从青堰山脚下的笋溪河溯游而上，岚雾就在身边的河面上缥缈升腾。丝丝缕缕的雾气，如同香炉中最空灵的烟氲，从水面上旋转飘摇着，随着晨光一起袅袅爬上半空。向两岸的山壁上抬头望去，蒸腾的雾气如同最柔软的轻纱，

层叠着悬挂在突出的岩石之上，带着绿意的微凉晨风吹动着云雾的帷幔，将青堰的一方天地变成了瑶台的宫殿，令人惊叹、沉醉，而又忍不住想要御雾凌云，一探究竟。

正在踌躇神往间，眼前的雾气一角突然被风吹散，一条青黑色的盘山公路如同登天的云梯，若隐若现飘浮于云蒸霞蔚之中。岚霭的瞬间聚散中，依稀可见连绵逶迤的群峰，环抱着苍翠茂盛的竹木，几声子规的啼鸣从云雾深处婉转而来，似幻境空灵的梵声，心便在那一刻如云雾般荡漾起来。

走进朦胧的迷雾，循着那条悠长的盘山公路驱车而上，只是一个转角的时光，天地竟突然变得清晰而明澈。身后缠绵无尽的雾气，在一个转瞬间消失不见，路边的树、山间的岩、飞流的瀑布、苍翠的竹影、明艳的晨光、青堰的山水不期而遇地扑面而来，无比真实而华丽地在眼前展开丹青画卷。

然而还没等你习惯于这一念瑶台一念人间的变幻，一团牛奶般的云雾便又掠着道边的青草漫过来，仿佛融雪的春潮流动着，愈来愈散，愈来愈浓。浩荡的烟波，苍茫地卷过竹林，渡过云端，在山与天的交界之间奔腾而过，将断崖、群峰、山林、岩石覆盖干净。

前一刻还是分明天地，后一刻却是四顾苍茫。青堰的雾，便是如此直白果决，没有委婉迂回的起承转合，而是犹如造化的神来之笔，于有无间给人以无尽之遐想。在每一个山路的转角，你都会情不自禁期待下一段的旅程，不知即将进入的，究竟是山明水秀，人间烟火，还是失了楼台，迷了渡津。

循着雾气的指引，登上山谷上方的坪坝，岚霭突然从缠绵变幻为磅礴。伫立于双胞胎泉追寻曾经的来路，雾就从脚下藏匿的山谷汹涌而来。一团团厚重的岚气，好像从地壳中喷出，滔滔不绝地从樱花谷的谷底升起，在半空翻腾着，聚集整个山谷，然后澎湃成波涛的姿态，一阵接着一阵漫出山谷，漫过石林，漫过松涛，漫过天地，漫过青堰的草木生灵，人间岁月。

云与雾相连，山和天一体。信步间，仿佛行走于云端天际，群山不过是浮世中的岛屿。浓雾漫过山巅，如同雄奇的瀑布从诸峰之间倾泻流动而下，一切都隐没在浓郁的雾色里，只有山林的边缘在浓雾的顶端浮动，好像在雪白的宣纸上渲染出一痕青黛。而在山峦的顶端，云雾相连成流动的青烟，袅袅升入亘古的长空。青山云气升腾的曼妙，映衬着大片竹海松涛的苍翠，与古老的岩石静谧相映。山川厚重，云雾游移，踏云海而望长空，古老的青堰在那一刻如雾里看花，悠远空灵，亦真亦幻。

没有到过青堰，你也许从未想到，雾气原来也可以变幻出如此绮丽的色彩。

清晨的青堰，岚雾是一片高洁清远之白。然而也许是因为汲取了山间草木的灵气，青堰的雾，即使是最简单的白，也白得那样生动而充满意趣，有时如袅袅的轻烟，有时如翻滚的波涛，有时如厚重的冰雪，有时如轻盈的羽衣，有时如同牛奶在水中散开丝丝纹路，有时如气流在草木林间缭绕飘荡。

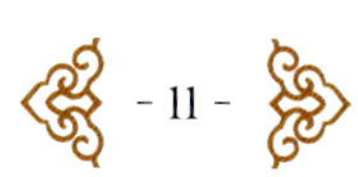

阳光渐渐从云雾的背后透出炫目的光晕。青堰的雾，如同被加上了层层滤镜，变幻成流光溢彩的云霓。

山巅厚重的浓雾，与周边的云气一起，被朝霞染上了一抹绯红，随着云雾的流动，渐渐向远方晕染开来。笋溪河上，蒙蒙的雾气在河道的远方荡漾着一抹幽蓝，越来越浓，渐渐与碧蓝的天空融为一体。而在那红与蓝的交际，雾气被自然的色板调和成吉祥而神秘的紫，紫气东来的祥瑞，让人不禁想起青堰人口中那个关于岚雾的传说。

相传青堰的雾气，始于上古的神话时代。上古女神女娲在造人之时，曾在青堰附近的山林中取泥土山泉，创造出第一对自己的双生儿女。女娲补天之时，由于最后缺少了一块五彩石，为了拯救整个世界，用自己的身体补上了最后一个漏洞。而在补天之前的最后时刻，因为思念自己的孩子，女娲将眼泪洒落在青堰，从此之后，青堰长年云雾缭绕，那是女神母亲留给孩子最后的挂念。而正是因此，直到今天，青堰人依然对女娲保持着格外的尊崇。

也许是因为美好的传说，也许是因为钟日月山川之灵秀，青堰的云雾，似乎在缥缈和绮丽之外，更多了一分美好的生机。阳光穿透山林茂密的枝丫，林中的雾气，也被染上了一层饱含着水意的绿，和山中的草木生灵一样，在这片山水间发芽、生根，千万年周而复始地自在生长着。日光渐盛，云雾随着太阳的上升无声退去，留下青山碧水、密林石岩，青堰的山水经过雾气的润泽仿佛愈加灵动而鲜活。

傍晚时分，青堰的雾气随着夕阳西下的脚步，再次从河川山谷，从泉下林间聚拢而来。山顶的一团团青灰的云雾，浓得仿佛凝聚了雾眇所有的精华灵气，在落日的余晖照耀之下，像灿烂的皇冠放射着金色的异彩。雾生于晨为岚，聚于夕为霭。暮霭深深中，雾气被夕阳染成了一片温暖的橙色，和着远处的村舍与炊烟，聚散间，是青堰人忘却尘嚣的岁月，是这片山水生生不息的天荒地老。

惊蛰

看不到头的群山让光阴显得空旷而博大，飘逸而苍茫，而青堰就像它土壤中一粒固定的沙砾，在亘古的岁月里地老天荒。

当山坡朝阳处的冰雪渐渐融化，慢慢地露出赤色的土地，青堰又一年的春天便悄然来临。

“雪消门外千山绿，花发江边二月晴。”雪水滋润着泥土，浸湿了去年的枯草，冬眠的草根苏醒了，绿意绵延如潮水。远山的最高处，白雪消融成斑驳的光影，山林还是曾经的青翠模样，第一声春雷在漫漫长夜里响起，惊起山林深处生灵冬眠的残梦，春天便在青堰铺展开来。

每天，在光阴的照耀下，远方，逶迤的群山连绵起伏，纵横交错，延伸至天地之间，消失在云烟深处，像一片波澜壮阔的海水，动荡起伏，在每日春风的吹拂下，激起无声的波浪，一直荡漾到天边。山的颜色也由近至远，深绿、翠绿、青绿，直到在云雾的笼罩下，化作一片朦胧的淡光。看不到头的群山让光阴显得空旷而博大，飘逸而苍茫，而青堰就像它土壤中一粒固定的沙砾，在亘古的岁月里地老天荒。

浩瀚的美景总是在黎明前出现，从青堰一户户朴素的木格窗望去，你会有一种被群山拥入怀抱的安全感和依托感，崇山峻岭，层峦叠嶂，生长在其中的茂盛森林像绿色的毯子，一直从眼前，从脚底下，从种满庄稼和蔬菜的梯田，从荆棘从生、野花盛开的坡地，像无数根触须一样沿着山势延伸，延长，卷过集成一团的小小的村庄，漫过一间间立体交叉的房屋，和出没于道路田间的人群、牲畜，一直漫延到山脚和山巅，一直漫延到蓝天白云中去。

青堰多岚霭。每当红日东升、西沉，或是新雨过后，登上青堰附近的山峰，就会看到沟谷云海上下翻腾，真有“乳雾缥缈多仙子，云海沉浮三百峰”的意境。当层叠的群山，经过一夜的休眠，渐渐在春光里苏醒过来，东方泛起淡淡的晨辉，迅速扩展开来，朝霞如美人脸颊上的胭脂，随着日出的临近越发鲜艳。整个东方天空被浸染，鲜艳而红成一片。阳光穿越云霓的缝隙，绽放出万道七彩的霞光。红日冉冉上升，光照云海，五彩纷披，灿若锦绣。那时恰好有一股山风吹来，云烟四散，峰壑松石，在彩色的云海中时隐时现，瞬息万变，犹如织锦上最华丽的图案，每幅都换一个样式。

在初升阳光的照耀下，一座座苍翠的山峰上，间或裸露出赤红的丹霞岩壁，与漫山的绿色相映，如同造物神笔丹青绘下的画作。山是立体的墙壁，为怀抱的生灵蔽风掩雨，增减着季节的冷温嬗变，在肥沃而厚实的群山中，青堰仿佛是从地里长出来似的，安静又热闹的房屋建了又建，茂盛而古老的森林枯了又长，里面树叶绿了又黄，黄了又青，果实熟了又熟，而青堰人就这样一代又一代，兀自生活繁衍。草木枯荣，光阴聚散，山是自然中最壮观的景色，季节重重的痕迹无法抹去大山的苍茫和气势。

即使你站在山巅，看到的只是群山的一个个片段，一个个伟岸的部分，但已经足够了，巍峨的峰峦，雄姿舒展，让我们兴奋和激动，同时感到自己的渺小迷茫，小如蚂蚁，小如尘埃，生命和山峦相比，真的微不足道，我们被群山环绕，被云霞衬托，被溪水拥抱，身上长出绿色的斑点，正在成为一片片真正的叶，正一点点被群山淹没。而在绿色湿润的泉溪间，你也会成为一滴水，一滴清冽的山泉水，从山巅流淌而下，你会和众多股山泉从山峰不同的位置和方向汇聚在一起，形成溪水，甚至一条水声不断、河堤宽阔的河流，环绕着村庄和庄稼，向着低处和远方前进。

泉水是青堰流动的血脉。在青堰的山间散布着大大小小的山泉，汇聚在用石板搭成的粗朴而静默的泉池里。潺潺的溪流水质清澈明透，从泉池中顺着山势流淌而下，历历可数池底青石板上被侵蚀的纹路。间或看到盈寸的小鱼翕乎闪耀，恣意地炫耀着一年全新的生命，岩边有竹林松涛，有芳草吐翠，点缀着人类和不知名的生灵留下的足迹。

站在山间被修竹环绕的坪坝上，眺望四周起伏不止的群山，你会觉得它们在移动，不知是天空飘动的云和谷底流淌的水让人产生了错觉与幻象，还是山真的在动，在向我们的生活一点点地移动和逼近，山体间那高低起伏连绵不止的皱纹，是波浪，是河水，总是汹涌地流来涌去，永无尽头。特别是在春天葳蕤茂盛的生长中，那些数不胜数的树木，长势汹涌，沿着山势，沿着风的方向，在周围飘荡，并逐步向我们包围过来，空气中也总是充满植物的芳香。

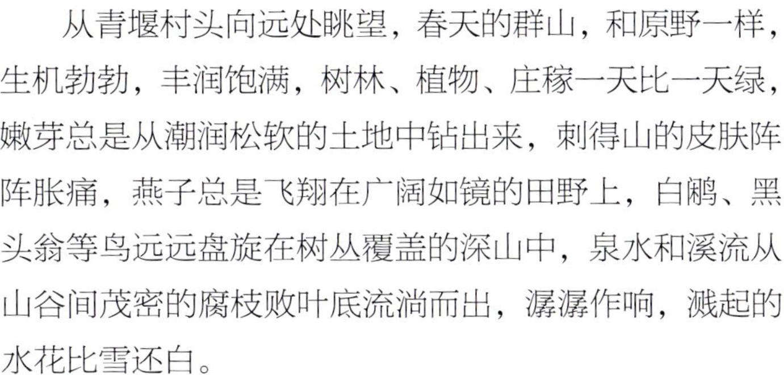

从青堰村头向远处眺望，春天的群山，和原野一样，生机勃勃，丰润饱满，树林、植物、庄稼一天比一天绿，嫩芽总是从潮润松软的土地中钻出来，刺得山的皮肤阵阵胀痛，燕子总是飞翔在广阔如镜的田野上，白鹇、黑头翁等鸟远远盘旋在树丛覆盖的深山中，泉水和溪流从山谷间茂密的腐枝败叶底流淌而出，潺潺作响，溅起的水花比雪还白。

而这样的山，就在青堰人的脚下延伸，他们就生活在山的怀抱里。站在群山之间，我们本身就是山的一粒土、一片叶、一根草、一块石子、一滴泉水，亲近得如

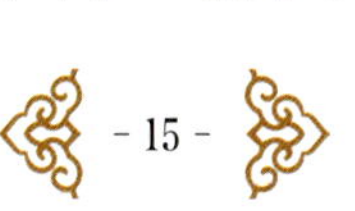

此熟悉，那一刻，我们从未有过地和山这样近，和自然这样近，我们的每一次呼吸，每一句话语，都能为山所感知，成为山的一部分。

风像波浪一样推动着树木在春天里摇晃，一层层地起伏荡漾到远方的深山中，复而平静下来，仿佛一切都没有发生。眼前，是山坡上的那片茂盛的竹林，上百株大小不一的楠竹，密集在一起，里面凝聚着一季的苍劲和翠绿，枝丫间四处延伸的竹叶层层叠叠地挤在一起。竹是有灵性的植物，每天晨昏时蓄积在竹林中的光，会夺走部分阳光的热意，让青堰多了几分遗世独立的幽然。有时候，会有一群白鹇从远方高高地飞临枝头，藏在密密的竹枝上一动不动，从远处看，像露出几点洒脱而翩然的衣袂。

“西塞山前白鹭飞，桃花流水鳜鱼肥。青箬笠，绿蓑衣，斜风细雨不须归。”再没有比春雨洗浴后的山林更迷人的了，整个山坡，都是苍翠欲滴的浓绿，没来得及散尽的雾气像淡雅丝绸，一缕缕地缠在它的腰间，阳光把每片叶子上的雨滴，都变成了五彩的珍珠。不远处的山坡上，桃树、李树、海棠、野樱桃的花开满了枝头，让沉寂了一冬的眼睛瞬间亮了起来，仿佛干渴之人饮泉水。而山间，就遍布着青堰人开垦的梯田，金黄的油菜花翻起波浪，吸引蜂蝶起舞，路边鸟鹊的身影，时刻引诱着人们陷入更深更密的山林和灌木丛中，去探寻其中的生机和秘密。

日暮时分，雾霭仿佛在一时间从山谷中翻涌上来，一个转眼，便被夕阳染成一片金黄。远近错落的人家炊烟渐起，渐渐融入暮色，融入岚霭，包容着荷锄归来的人们，走在回家的路上。

那一刻，突然看不清古老的青堰，看不清它的年龄以及它的朝朝暮暮、生生死死，看不清它沉积在村落周围的光阴，流在身上水一样的时光以及在水中老去的东西。白墙黑瓦间，山中阡陌交通，鸡犬相闻，然而青堰村已经不再像是人类文明的痕迹，而是同周遭的树木山林一样，是从这片大山中扎根生长出来的。有青山绿水，有梯田水渠，有竹林、芭蕉和松杉为伴，有袅袅炊烟相随，有稻麦与玉米果腹，有清醇的土酒痛饮，有昼夜不息的塘火暖身……

石中树

一棵树木要怎样才能在巨石中扎根，又为何会经历数百年却高矮粗细一成不变？二月的风在山林中流动着，吹起林间的枝叶沙沙作响。古老的巨石上，石中树正萌发出一季的新叶，一个凄美的传说，记录在那凝固了时间的年轮上。

早春二月，从青堰村双胞胎泉旁崎岖的山路攀爬而上，不到一个小时的路程，便来到了当地人心中的一处充满了神秘色彩的所在。

一块十余平方米的巨石静默伫立在群山和丛林的剪影上，如一方巨大的石台，陷入野草和泥土的尘埃里。阳面已被风霜打磨得光滑，阴面遍布着青苔的痕迹，仿佛从天地初开时便如此遗世独立，任凭世间风云变幻，哪怕千古岁月侵蚀。

巨石的顶端，一棵碗口粗的不知名树木，从石缝中斜逸而出，迎着初春的阳光舒展着一痕新绿。树冠的浓荫投映在巨石之上，被阳光雕琢出斑驳的纹路，为雄伟而坚硬的石块平添了几许柔软的情怀。一石一树，如此相生相伴，恍然间，让人忘却人间岁月。

从孩童时光起，沈青的记忆中便有这石与树的段落。由于树木生长在巨石中，青堰人便给它取了一个朴素却不失清雅的名字：石中树。

沈青还记得，儿时每个午后悠长的时光里，孩子们便喜欢围在某个林下泉边

的坪坝上，听村里的老人讲青堰的各种奇闻逸事，而在那些祖辈相传的青堰记忆里，总是会出现石中树这个名字。

据村里的百岁老人回忆，没有人知道，石中树是什么时候在青堰出现的，他们只知道，从他们的祖辈开始，这一石一树便和周围的大山一起，仿佛是青堰最自然的存在。而令人称奇的是，他们祖辈儿时所见的石中树，便是像今天一般高矮粗细，数百年时光流逝，青堰从古老走到现代，从寂寞走到繁荣，石中树安然而立，沧海桑田，从未改变。时间在石中树身上仿佛静止了，在青堰世代相传的记忆里，即使是在最干旱的年头，山间草木凋零，而唯有石中树依然郁郁葱葱；在暴雨、山洪的摧残下，即使山中已是满目狼藉，唯有石中树依然淡然屹立。

沈青在青堰的少年时光里，有很多日子，是在石中树旁度过的。一棵树木要怎样才能在巨石中扎根，又为何会经历数百年却依然如故？当初的稚气孩童渐渐成长为青葱少年，她也曾向长辈、向同伴、向师长探寻过其中的缘由。有人说，是因为石中树所在的地下恰好连接着地下水源；有人说，是树木扎根于石中，四周被巨石

环绕，保护着树木的根系，也限制了树木的生长；还有人说，是当地土壤、水质、气候共同作用的结果……然而和身边普通的青堰人一样，沈青更愿意相信的，仍是在这片大山中流传的那个关于石中树的传说。

二月的风在山林中流动着，吹起林间的枝叶沙沙作响。古老的巨石上，石中树正萌发出一季的新叶，一个凄美的传说，记录在那凝固了时间的年轮上。

“蒲苇韧如丝，磐石无转移。”

相传在清朝晚期，青堰的山林中，并肩走着一对青梅竹马的男女。男孩名叫石生，女孩名叫碧芝，两人从小一起长大，“妾发初覆额，折花门前剧。郎骑竹马来，绕床弄青梅。”双方父母早早地为一双小儿女定下亲事，只等碧芝年满18岁，便为他们举行婚礼。

石生是一个勤劳善良的小伙子。为了迎娶自己美丽的新娘，从十几岁时，他便随猎户们进山打猎,他想要在结婚前盖起一所大房子,给碧芝幸福而安定的生活。每一个进山归来的傍晚，他都会把山鸡、野兔等猎物送到碧芝家里，默默地守候着自己心爱的姑娘。而碧芝也经常把自己织的布、做的鞋送到石生家，帮助石生寡居的母亲照顾年幼的弟弟妹妹。爱情就这样在两个年轻人心中平淡而安定地蔓延生长，也许没有花前月下的浪漫，然而柴米油盐的凡俗生活，却让两颗心如此信任与贴近。

时光倏忽，转眼间到了碧芝18岁。如同林间的山花开到了最好的花期，18岁的碧芝亭亭玉立，绽放着女子最美的年华。婚期定下来了，怀着对未来幸福生活的憧憬，碧芝在灯下一针一线地绣着自己的嫁衣。偶尔，他们会在闲暇时携手登上山林中的一处坪坝，望着远处进村的山路，约定老了以后在这里盖一处房子，看日出日落，儿孙满堂。最平凡的幸福仿佛是触手可及的果实，等待着两个有情人去采摘。

然而一场突如其来的匪患，打破了青堰的平静岁月。由于地处当时四川和贵州的交界之处，川黔古盐道的必经之路，从清朝中期起，四面山中便时常有土匪出没，青堰虽然位置偏僻，但是最终也未能幸免于匪患。在一次土匪的袭击中，

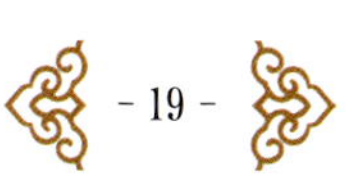

匪首看到了年轻秀美的碧芝，便将她强抢而去。

石生和乡亲们竭尽全力，依然没能从土匪手中救下自己的未婚妻，碧芝撕心裂肺的哭声随着土匪的马群渐行渐远，山谷中回荡着石生对情人的央求与承诺：“好好活着，不管怎样，好好活着，我等着你回来！”

从那之后，石生便离开了家，在他和碧芝经常去的那处坪坝上盖了一间简陋的木屋定居下来。也曾有姑娘被石生的真情感动，希望代替碧芝与他共度一生，后来陆续有人到石生家上门提亲，然而都被石生拒绝了。每天早晚时分，他都会站在门前望一望远方那条进村的山路，守护着分别时自己对碧芝许下的承诺，并且把它当作一生的约定——他相信，碧芝听到了自己的乞求，不管过多少年，她终会回来，与自己重逢。

山间的野花一季一季开了又谢，坪坝上的一片竹笋一年年长成了茂盛的竹林，石生等待着爱人，一个人耕种，打猎，日出而作日落而息，日复一日年复一年。一个人的山中岁月里，他并不觉得孤单，因为他知道无论碧芝在哪里，她都在挂念着自己，如同自己心里时刻有她一样。爱情依然还在，因为那个人在心里，无论在哪里都不会孤单。

二十多年的岁月在等待与守望中转眼而过，直到那年夏天，青堰遭遇暴雨，山洪暴发，泥石流从陡峭的山崖上滚滚而下，石生和他的小屋，被一块从天而降的巨石掩埋，永远等在了与爱人约定的地方。

而就在那一年的冬天，一个年轻人骑着高头大马来到了青堰，向村民打听起石生。那是碧芝的儿子，带着碧芝的骨灰回到青堰寻找那个让她挂念了一辈子的爱人。

在那个与爱人诀别的午后，碧芝听到了石生的叮咛与承诺，被土匪带上山之后，在苦难中坚强地活了下来，并与匪首生下一双儿女。直到不久前因病离世，在临终之时，她向孩子们讲起了自己的故事，讲起了与那个少年的约定，嘱咐儿女们在她死后将她送回青堰，她说，石生一定还在那里等着她。

在掩埋了石生的那块巨石前，少年把母亲的骨灰撒入巨石下的土地。第二年

的春天，草长莺飞的春光里，青堰人惊奇地发现，在那块属于石生和碧芝的巨石上，长出了一棵挺拔的树苗。石生终于等回了自己的爱人，哪怕天上人间，终会重逢。而更令人惊奇的是，当树苗长到碗口粗细时，便不再长大变粗，从此无论酷暑严寒，暴雨狂风，石树相依，永远不改当年的模样，就像一对有情人，永远定格在爱情最美好的时间。

夏之日，冬之夜。百岁之后，归于其居。

冬之夜，夏之日。百岁之后，归于其室。

每当读起这首《诗经》中的《葛生》时，沈青总会想到石中树，想到石生与碧芝那平凡而坚定的爱情故事。在青堰，青年男女定情时，都会到石中树前来祈福，希望白头到老，不离不弃。而这，也是她从小向往的爱情。

长大后，沈青走出了大山，走进了都市，在最美好的青春里，她也曾遇到各种各样的人，经历过形形色色的感情。灯红酒绿的喧嚣纷扰中，流过泪，受过伤，直到有天回首，却发现已看不清爱情原来的模样。

那一年的春天，沈青放下手里的工作，动用了所有能动用的假期，重新回到青堰。一个人爬上陡峭的山崖，爬过儿时曾经嬉戏的坪坝，在石中树又一年的新绿中，她终于又听到了自己内心的声音：最真实的爱情，有时不过是相信、相伴、相守。与四周的群山相比，人的生命只是一瞬，而最朴素的爱情，可以很长，长到永恒。

两年后，沈青再次回到青堰。石中树依然是当初的模样，而在她的身边，跟着一个高大而踏实的身影，始终默默守护着她，牵着她的手走过竹林，爬过石岩，越过山溪，和每一个尘世间的凡俗男女一样，在石中树的绿荫里许下关于爱情最虔诚的心愿。那一刻，她知道，他们会有一个家，有可爱的孩子，会这样平凡而安稳地一起走过很长很长的岁月。直到白发苍苍时，再像祖辈一样，在含饴弄孙的美满中，向孩子们讲起石中树，讲起他们自己的故事。

执子之手，与子偕老。所谓幸福，不外如是。

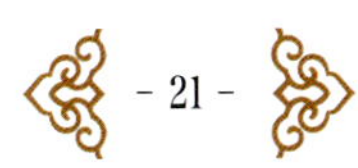

 行走青堰

双碉楼

沐浴着金光的双碉楼，安然静美，与世无争，仿佛岁月流转，昔日的繁荣，人声鼎沸，现实与过往在此重叠。

天气晴好的时候，在夕阳的斜晖里登上青堰群山环抱中的双碉楼，时间在那一刻仿佛定格成一张唯美的泛黄老照片。

爬满青苔的石径尽头，一带黑瓦白墙的古老建筑，在翠竹与暮霭的掩映中若隐若现。沿着被岁月打磨光滑的石阶蜿蜒而上，两排玲珑的厢房对出如燕翅，环抱成眼前宁静而幽远的庭院。堂屋的尽头，相对伫立着一双十余米高的三层碉楼，双层的四角檐顶挑起翩然的弧线，墨色的青瓦亭亭如盖覆上斑驳着时光的白墙。二、三楼的檐顶之间，历经百年风雨依然饱满鲜活的“福”字浮雕环绕着吉祥的云纹，似在讲述着那经年的故事，讲述着房屋主人对于安稳与幸福的向往。

双碉楼是青堰最具代表性的建筑，也曾是整个村落的制高点。在青堰人的眼中，这片苍山环绕的楼阁是青堰的地标，从动荡到安宁，见证着青堰近代百年的风雨变迁。

即将西下的阳光透过乌木窗棂，在白灰墙面上投下明灭的光影，仿佛诉说着

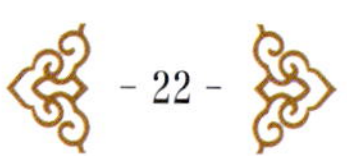

双碉楼曾经的峥嵘岁月。与普通民居不同，碉楼是一种受中国古代角楼和望楼启示而产生的乡土建筑，因形似碉堡而得名，在动荡年间用于岗哨观察、防御作战。根据相关文献记载，川渝地区是我国最早兴建碉楼的地方，现存的碉楼是考察中国传统碉楼文化难得的样板。

青堰的双碉楼修建于 1915 年，是典型的川渝乡土建筑，保持着完整的中国古代楼阁建筑风格。两座碉楼分别坐落于围墙的转角处，与宅院相连组合成一个完整的防御体系。夯土墙体与木梁木板的楼层构建起三层的坚固楼体，青瓦覆盖的悬山坡顶悬挑出高翘的四角重檐，使原本威严坚实的碉楼平添了几分轻盈与灵动。因为青堰人对双生文化的推崇，这双相对伫立的碉楼，使青堰双碉楼成为现存的碉楼建筑中数量极少的一院双碉结构的典型样本。

在二十世纪初那个风起云涌的大时代中，双碉楼守护着青堰，走过了辛亥革命后动荡飘摇的匪乱，走过了红色革命的风云，走过了抗日战争的连天战火，走过了反围剿的壮志豪情……只要看到双碉楼上的灯火还亮着，青堰人的心中便总是感到踏实和安全。

夕阳投下群山的剪影，在墙面上继续移动，双碉楼的记忆走到了 1949 年。新中国成立后，由于社会环境的改变，原本作为乡村防御性建筑而存在的双碉楼随着主人的远行而归于寂静，在群山的怀抱中，和山间的草木一样静默生长。而淳朴的青堰人把它作为那个年代的见证精心地保存下来，更把它作为一种精神上的符号刻进了自己的心中。

焚一炷心香，和夕阳一起追寻双碉楼曾经的故事。沐浴着金光的双碉楼，安然静美，与世无争，仿佛岁月流转，昔日的繁荣，人声鼎沸，现实与过往在此重叠。

穿过时间的门楼，88 岁的青堰老人丁文启悠悠地讲起了双碉楼的故事。

早在二十世纪初那个风云变幻的动荡年代，匪患如同随时可能引爆的炸弹，高悬在川渝地区无数个山村乡民的头上。1911 年辛亥革命爆发后，匪患在四面山地区愈演愈烈，青堰多次受到土匪的袭击，一时间人心惶惶，村民的安全受到了严重的威胁。

1915年，作为村里的大户，40岁的青堰老地主陈弘毅请来能工巧匠，几经勘察，在当时青堰村的制高点修建起碉楼，组织村民抗击土匪，保护大家生命和财产安全。出于青堰世代相传对双胞胎的推崇，陈弘毅特意将碉楼修建成一院双碉的结构，淳朴的村民们亲切地叫它“双碉楼”。

陈弘毅祖辈生长在青堰，对这片大山和乡亲们有着深厚的感情。村里有孤寡老人他总会定期送粮接济，先后扶养了几个孤儿长大成人，遇到旱涝虫灾，他毫不吝啬地打开粮仓救济村民，修路，架桥，兴办义学，多年的善举换来了大家发自内心的深切敬爱。

双碉楼建成后，陈弘毅组织村民成立了保安队，负责抗击土匪，保卫家园。双碉楼位于村子正中，站在双碉楼上，整个青堰村及周边尽收眼底。碉楼上备有铜锣和油灯，陈弘毅安排人手，24小时交替在碉楼上从窗口瞭望，一旦发现有土匪来袭，马上点灯鸣锣，提醒村民及时隐藏，并召集保安队准备与土匪作战。在那个匪患横行的年代，双碉楼是青堰村民们心中的温暖，每当看到碉楼上的灯火与窗棂，村民们的内心便会觉得安定。

1926年，陈弘毅的小儿子陈光明由日本留学归来。20岁的陈光明是陈家唯一的男孩子，上面有三个姐姐，其中还有一对是双胞胎。陈弘毅31岁时喜得贵子，全家人视若珍宝，怀着对未来安定生活的向往，他给儿子取名光明，从小请先生教导儿子读书识字，并在陈光明17岁那年送他远渡重洋，成为大革命浪潮中的第一批留学生之一。

在海外求学期间，陈光明接触到了共产主义思潮，由此深深种下红色信仰。学成回国后，恰逢中国第一次国内革命战争爆发。陈光明与父亲进行了一次长谈，从此双碉楼变成了青堰方圆百里第一个红色据点。

以双碉楼为根据地，在抗击土匪的名义下，陈光明与附近的红色组织取得联系，在“反围剿”战争期间，为红军及地下革命组织提供粮草和掩护，并组织人力，

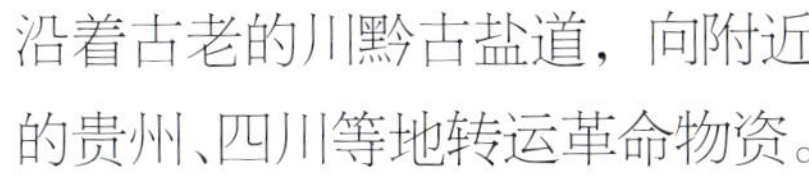
沿着古老的川黔古盐道，向附近的贵州、四川等地转运革命物资。

轰轰烈烈的革命浪潮中，一天，双碉楼旁出现了一个美丽的身影。在日本留学期间，陈光明邂逅了一位美丽的女留学生，共同的红色信仰让两颗年轻而热情的心逐渐接近，姑娘学成回国后，陈光明迎娶了美丽的姑娘，并将新娘带回了青堰。

革命的爱情总是最浪漫，在双碉楼的见证下，一对有着共同

理想与信念的年轻人守护着自己的革命事业，如同守护着他们红色的爱情。只要是在一起的日子，无论多么忙碌，他们都会在傍晚时分携手走上夕阳下的双碉楼，谈论一天的经历，分享革命的感悟。

作为革命据点，国民党围剿期间，双碉楼成为青堰的“消息树”。每当有国民党军队出现，白天，双碉楼上会挂起背篓，晚上，则点起双灯作为暗号，提醒附近的地下组织躲避隐藏。

1936 年，古老的青堰迎来了湘鄂川黔革命根据地的建立，也正是在这一年，陈光明夫妻收获了爱情的结晶。一双龙凤胎的诞生，让他们忙碌的生活充满了甜蜜和希望。

随着解放战争的全面爆发，双碉楼不但作为革命据点，更成为地下情报机构。1945 年秋天，70 岁的陈弘毅因病去世，陈光明继承了家业。利用自己的“地主”身份作为掩护，他成功地一次次传递出重要情报，为自己心中的革命事业贡献着星火之力，终于等到了燎原的最美时光。

就在新中国成立的前夕，双碉楼环抱的庭院中，一对中年夫妻并肩而立，他们的身旁，是一双少年儿女。因为新中国建设的需要，陈光明即将离开这片养育了自己的土地。最后看了一眼自己无声战斗了 20 余年的双碉楼，无论走到哪里，无论离开多远，他都会记得青堰，记得这方山水，这个梦里的家乡。

陈光明一家离开之后，双碉楼成为青堰的公有财产，被村民们精心保护下来，成了青堰当地著名的标志性景观。信步登上一侧的碉楼，青堰的山水人间便鲜活地扑面而来。庭院内外丛生着片片茂密的竹林，竹叶婆娑半掩着青砖墙垣，渐渐融入远山的沉碧。宅后一眼遮满浮萍的古井，凝成一带清流，从花木深处曲折泻于石隙之下，隐于山坳树影之间。暮霭升腾，远处的人家渐起炊烟，描画出平凡而温情的人间烟火。苍山、丛林、翠竹、碧水、云霭、岚雾，在一个错目间尽收眼底，岁月静好，现世安稳。

若是恰逢雨季，伫立于碉楼高挑的墨色重檐之下仰望，青灰色的天幕背景之上，

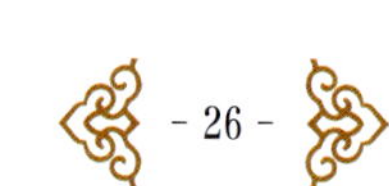

玲珑的飞檐将缠绵的雨丝串成晶莹的珠串，敲打在地面的石板和林木的叶片上，和着屋后的水声，高低错落着应和成一曲旖旎的吟唱，双碉楼就在那一刻和青堰的山水一起，氤氲成一幅写意的水墨画，让人想起所思，记起所梦，忆起生命中最美好的过往。

双碉楼承载着青堰人对幸福的向往。每年农历九月初九重阳之日，青堰人都会登上雕刻着“福”字及吉祥花纹的双碉楼，在古老的窗阁前凭栏远眺，以寓意风调雨顺，节节高升，生活越来越和谐幸福。

双碉楼承载着游子们对家乡的思念。每逢远游的青堰人回到故乡，总会登上记忆中的双碉楼，在村子曾经的制高点深情凝望整个村落，以感怀先人，忆起初心，回归青堰这一最温暖而包容的精神家园。

双碉楼承载着恋人们对爱情的守护相望。青年男女两情相悦时，总要手牵着手登上双碉楼，在楼上亲手系下一双红绳，寓意有情人终成眷属，许下执子之手，与子偕老的誓言，并祈福能拥有一双活泼可爱的双胞胎宝宝……

站在双碉楼下的院落中，青堰的春天正在脚下恣意地生长。远近层叠的梯田中，春耕已经渐忙。“新田绕屋半春耕，藜杖闲门引客行。山翠自成微雨色，溪花不隐乱泉声。”青堰的春耕，是那冉冉升起的如银的炊烟，是那亘古沉默永不停息的小溪，是那驮着夕阳缓缓独行的老牛，是那一方方棋盘格子般的梯田。绿茸茸的秧苗，织成一幅幅地毯，远远地伸向群山的深处。

古老的双碉楼，就在青堰微雨的春天里安然屹立，讲述着它未完的故事。百年双碉楼，山水来入梦。

得胜铃

随着马队的行进，马铃清脆而悠长的铃声一路敲打在古老的盐道上，在寂静的山林中飘摇回荡。那铃声在每一个鸟鸣山更幽的清晨傍晚听来格外空灵、缥缈，仿佛带着穿越时空的魔力，唤起游子思乡的情怀，惊醒少年春睡的迷梦。

董之源一直有一个梦想，在有生之年，能够重新走一次那条传说中的川黔古盐道。

和许多青堰的孩子一样，董之源的童年，也是伴着祖辈各种或神秘，或离奇，或催人泪下，或引人探寻的故事度过的。董之源自小和太爷爷住在一起，太爷爷一辈子生活于这片大山，每个夜晚灯下，火盆边的故事里，有女娲造人，有二郎神担山，有各种话本神话，自然也有青堰千奇百怪的神奇传说。

而从小，董之源最感兴趣的，还是太爷爷口中关于古盐道的各种故事。太爷爷的床头墙壁上挂着一只古老的铜制马铃，马铃有鸡蛋大小，上面雕铸着虎头面具的辟邪图样，图案上的凸起已经被岁月打磨得光滑，纹路的间隙里爬满了青绿色的锈痕。太爷爷告诉幼年的董之源，曾经川盐古道上的来往商队里，马脖子上常系有这样的马铃，铃铛代表着平安，因为古代将军战马的脖子上都要系上铃铛，所以人们把马铃叫作得胜铃，寓意一路平安和马到成功。

董之源的太爷爷生于 19 世纪末，青草集最后的连天繁华中，摇曳着太爷爷的童年和少年时光。太爷爷的父亲在青草集上的一家商号里做账房先生，从懂事时起，太爷爷就时常央求着父亲带他到青草集，和集市上四处追逐嬉戏着的孩童不同的是，少年时的太爷爷最喜欢做的，是在市集川流不息的人群中听往来商队讲述在外的各种见闻。

记忆里那是一个寒冷的冬天，一天，太爷爷和他的父亲一起回家的路上，听到路边的残雪里传来了一阵呻吟声。他们走上前，发现一个人躺在雪地里，身旁有点点血迹，刺目地渗入厚厚的积雪中。

本着一份淳朴的善意，他们把人救回了家，从青草集上请来了医生，悉心照料。那人醒来后，告诉他们，他叫王贵，是从双凤到贵州做生意的商人，因为在山中遇到了马匪，和商队失散，本想回到青草集求救，却因为受伤体力不支晕倒在路边。

在青草集来来往往的人流中，双凤商人是一支低调而朴实的队伍，他们来自距青堰不远的双凤，大都以亲族为单位，行走在古老的川黔盐道，在青草集上收购货物，并沿途收集四面山中的各种特产贩往贵州，再从贵州带回当地的产品。

在太爷爷家休养了半个多月的时间，王贵的伤痊愈了，再三拜谢了太爷爷一家的救命之恩，他动身离开了青草集。一段特殊而深厚的情谊由此结下，从那以后，每逢王贵随商队路过青草集时，他总要带上礼物到太爷爷家坐上一坐，或是喝上一杯茶，或是暖上一壶酒，时间充裕时干脆住上一夜，与太爷爷的父亲一起围炉夜话。而那个时候，太爷爷便总会缠着他叫着王伯，请他讲讲商路上的经历。

火盆里炭火暖人的毕剥声中，王贵的故事给太爷爷展开了山外面另一个五光十色的世界。他说，双凤商人在这条古盐道上经商的历程大约可以追溯至明朝时期，最早是因为朝廷的盐运队伍中有双凤人，为了增加收入，在运盐的过程中，他们会顺道带上一些四面山中的特产到贵州售卖。这些特产在贵州市场上大受欢迎，久之便有双凤人专门贩运这些产品，便有了后来名闻川黔盐道的双凤商人。

当时还叫作青草坝的青堰人杰地灵，物产丰饶，所出产的花椒、忍冬、蜂蜜、蕨菜、腊肉等产品一直为双凤商人争相收购，至清朝晚期青草集出现之后，青草坝的特产已然随着双凤商人的马队在贵州声名鹊起，成为古盐道商业交易中的热

门商品。

双凤商人非常注重家族与地域观念，外出行商时必定在马脖子上系上特制的得胜铃，马铃由黄铜制成，上面雕铸有每个家族的标志性图腾，有经验的商人只需看马铃，便可知道是哪家的商队。随着马队的行进，马铃清脆而悠长的铃声一路敲打在古老的盐道上，在寂静的山林中飘摇回荡，唤起游子思乡的情怀，惊醒少年春睡的迷梦。

太爷爷少时的记忆里，便经常听到从幽深山林中传来的马铃声。那铃声在每一个鸟鸣山更幽的清晨傍晚听来格外空灵、缥缈，仿佛带着穿越时空的魔力，召唤着热血的少年走出大山，去闯荡出自己的一番天地。于是太爷爷便缠着王伯，问他什么时候可以带自己去跑马，王伯总是在火盆的红光里摸着他的头说："等你长大了，就带你出去看看。"有一次，王伯临走前，从马脖子上摘下了一个马铃送给了太爷爷，那个马铃被太爷爷一直挂在床头，从年少懵懂直到儿孙满堂。

时光的手抚过少年的情怀和离人的白发，太爷爷一天天长大，而王伯却一天天地老去。有一次，他在行商的途中发了高热，不得不在太爷爷家休养了十几天；有一次，他在险峻的栈道上不慎跌倒受伤，足足休息了大半年才重新随商队出发；还有一次，他们在山林深处被野兽袭击，是太爷爷的父亲喊来了村里的猎户才最终脱险……与之一同老去的还有青草集曾经不可一世的万千繁荣，长夜昏暗的灯光下，太爷爷在

睡眼迷蒙中依稀听到王伯和父亲的谈话，王伯悠悠叹息着说，川黔盐道的好日子，也许真的不长了……

终于，还没等太爷爷成长到能够跟王伯一起出门行商，青草集的辉煌便随着时代的洪流匆忙走到了尽头。公元 1912 年南京临时政府建立，青草集更名为“青堰场”。盐道的生意越来越没落，得胜铃的叮当声，也随着青堰场的萧条日渐疏落，只有在偶尔连蝉音都沉默的片刻仔细静听，才能依稀听到一抹若有若无的马铃，那么寂寥地敲打着青堰曾经的繁华旧梦。

王伯来的日子越来越少，终于有一日，他提着重礼上门，告诉太爷爷一家他要离开这条跑了一辈子的盐道了。太爷爷恋恋不舍地拉着他的手，问他以后还能不能带自己去跑马，王伯只是拍着他的肩，告诉他好好读书，他相信终有一天，青堰的好日子还会回来，到那时，有比青草集更好的时光，属于太爷爷，属于以后青堰的少年人。

从那以后，太爷爷便收起了那份少年情怀，和每一个青堰人一样过起了朴实而平凡的山中生活，娶妻生子，儿孙绕膝。只是偶尔，他也会在每个午夜梦回时忆起少年记忆中的那一串马铃声，也会在床头马铃依然清越的回响里与儿孙讲起青草集，讲起古盐道，讲起马铃中的那一段故事。那一串马铃声，是太爷爷记忆中的马铃声，也是董之源记忆中的马铃声。董之源一直清楚地记得，曾经在自己幼年时，太爷爷几次蹒跚着牵着他的手走向群山深处，站在古盐道沧桑斑驳的石板路上，静默着望向远方，如同隔着一生的岁月凝望着自己曾经少年的方向。

那样的情景，并没有随着太爷爷的故去而消散。成年后的董之源每次回到青堰，总会独自再次踏上那条沉睡于深山中的古老盐道，而每当此时，便仿佛有缠绵的马铃声穿透光阴的重重迷雾而来，在青堰亘古的时空中悠长地回荡。

樱花祭

青堰的樱花，是一份游子的乡愁。当远游的眼睛，看惯了异乡公园海滨、庭院街头争艳的樱树，便总会念起青堰樱花谷那遗世独立的长久与安宁。

春日迟迟，卉木萋萋。又是一年樱花烂漫时，满山遍野的樱花，旖旎在春的枝头，绽放在青堰樱花谷。那一抹嫣红，是春暖乍寒的惊艳，由山腰向下俯瞰，微风拂动，雾霭缭绕中，整个樱花谷暗香浮动，仿佛流转着一片绯红的云霞。

每年三四月间，青堰的空气中便到处弥漫着樱花那令人沉醉的气息，整个山谷盛开着粉色的、白色的树树樱花，如海浪般汹涌，如暴雨般磅礴，开得肆无忌惮，明丽而绚烂。白色如雪，粉色如霞，一团团，一簇簇，在最潋滟的春光里尽情地燃烧自己，就如凡·高笔下的向日葵，充满着律动和生命力。

樱花和桃花同属于蔷薇科，一样的花团锦簇，一样的灼灼其华，然而两者却有着截然不同的美：如果说桃花艳丽妖娆，摇曳生姿，是充满了魅惑的美人，那么樱花则是清丽婉约，楚楚动人，不食人间烟火的仙女。而青堰樱花谷中的樱花，则将这份空灵飘逸的意韵演绎到了极致。

青堰的樱花，是一幅淡彩的工笔画。粉红的花瓣映衬出嫩黄的花蕊，散发出穿越千年的幽香。在丝雨的润泽下独立枝头，娇羞妩媚，温婉动人，回眸一笑百媚生，迷了多少红尘过客。远远望去，那片粉红色的花海，是胭脂的颜色，也是朱砂的颜色，移步樱花谷深处，满树的樱花，色泽由桃红到粉红，由粉红到粉白交替变换着，如同生绢上最华丽的晕染。含苞欲放的蓓蕾，如含羞的少女，娇艳欲滴；怒放的樱花，颜色变得浅淡，花蕊饱满而圆润。

青堰的樱花，是古书中一缕乐府的书香。当明媚的阳光透过紫褐色枝干的罅隙，在花瓣上留下斑驳的光影，整片的花海就如半透明的粉色绸缎，绵软，柔滑。在苍茫群山的环抱下，氤氲成一片粉红的梦幻，一季诗意的婉约。“墨江泼绿水微波，万花掩映江之沱。倾城看花奈花何！人人同唱樱花歌。”

青堰的樱花，是一场春睡的迷梦。当天色渐暗，笋溪河上已然雾霭迷蒙，夜雨在天地间扯起珠帘，偶有晚归的夜车在四周的盘山路上如星光闪过，静谧的樱花谷就像是一场神话。而樱花也就在这样的夜里、雨里，安静迷人地开合，灯影朦胧中依稀的轮廓，是白日里见不到的模样，如梦里被时间定格的剪影。

青堰的樱花，是一份游子的乡愁。当远游的眼睛，看惯了异乡公园海滨、庭院街头争艳的樱树，便总会念起青堰樱花谷那遗世独立的长久与安宁。

樱花绽放时，是一种惊心动魄的美。她有着玲珑的倩影，有着绝美的容颜，有着朦胧的羞涩，有着白云的飘逸。那种盛放之美，妩媚而清丽，美得令人窒息。

美到极致是寂寞，绚烂之后就是凋零。而相比于盛放之绚烂，樱花凋落时，更是一种别样的美。微风拂过，花影摇曳，如千万只蝴蝶漫天飞舞，如洁白的雪花飘飘洒洒。漫天飘落着花瓣雨，落英缤纷，瞬间铺满一地粉红的云霞。

樱花的花期很短暂，一朵樱花从开放到凋谢大约为七天。刚刚看到满树楚楚动人的繁花绽放于枝头，转眼却如雨似雪般飘落。毅然而决绝，前仆后继，义无反顾。樱花绽放时，轰轰烈烈，热情而奔放，纯洁而高雅；凋落时，果断而决绝，漫天飞花雨，翩翩落满地。樱花的美，是浩浩荡荡的宣誓。不管这世界多么繁美

丰盛，毅然选择了在自己最辉煌的时候凋谢，灿烂地盛开，果断地离去，且不拖泥带水，不污不染，零落成泥碾作尘，质本洁来还洁去。留给人们的是难以言说的不舍、留恋和钦佩。

也许正是因为这种生命的凋零之美，不知从何时开始，青堰有了樱花祭的习俗。

樱花花瓣在空中随风飞舞，划出悠长而唯美的弧线，如一片鸿毛，飘落在荡漾着雾气的泉水里，波纹从花瓣周围扩散开来；沐浴在温暖的泉水中，悠然抬头仰望，樱花树影在蓝天、苍山的背景上飘动着，花瓣漫天散落，映红了一片粉红色的天光。

每到樱花盛放时节，泡温泉总是樱花祭中重要的“节目”。寓意着在温暖而清澈的泉水中，洗去一冬的阴霾与疲惫，然后带着那份与过去告别的决绝，奔向下一程的美好。

赏花自然是樱花祭必不可少的环节。如果说别处的樱花是供赏玩，青堰的樱花则更多地让人感悟。站在樱花谷的漫天花影下，世界在那一刻突然变得安静，静得可以听见自己心跳的声音，静得可以和自己的内心对话。如同樱花的花语便是“生命”，樱花美的极致，其实亦是生命之美。一阵清风掠过，身边花瓣簌簌而落，轻盈空灵，才知道原来生命可以美丽得这样惊心动魄，而又无怨无悔。

樱花之美，可赏，可悟，自然也可入味。青堰人以樱花为食材，制成樱花渍、樱花糖、樱花饼，是留在每一个青堰游子心中唯美而鲜明的记忆。烹一壶香茗，在沁人心脾的樱花雨中，或淡泊独酌，或与二三好友共品茶点，自然是一桩惬意之事，而将那整个山谷的空灵之美收入味蕾的过程，更是与樱花的一场别致缠绵。

小半篮含苞的樱花，静静躺在林间的山泉池中，在清明的细雨里尝一口樱叶的滋味，入口苦涩，后味奇香，带出难以言喻的清气。口中清净后，忽然觉得气氛有一点儿不同，浮动的樱花香若隐若现于樱叶的清苦，如同青草的气息里混入了脂粉的香气，妩媚中透出隐隐甜香，倏忽间便消散不见。好像眼前有一场稀疏的粉色尘埃从地平线上浮起，倏然落入雪白的空气里。

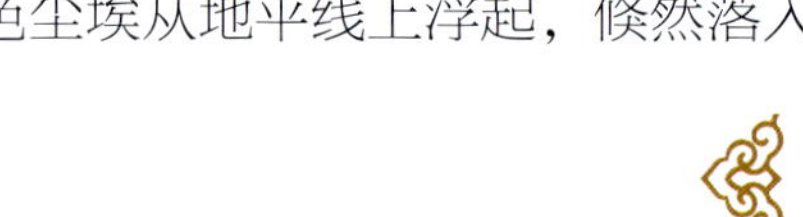

在山泉的涤荡下，篮中的樱花都开了，如同夜晚笋溪河上的河灯，浮在甘洌的泉水里。掬一捧樱花，洒上些许雪花糖，细细地在石臼中捣碎，反复的碾压中，本是淡粉的樱花渐渐变成了微紫的桃红，雪花糖的甜香混入了樱花的香气，在空气中变得愈发分明。

樱花的味道像彩虹幻化，加入几滴柠檬汁，那抹粉红的甜笑终于被唤醒，让人仿佛闻到儿时一根冰棍带来的最简单的幸福。如果说玫瑰的香气是草本的，梅花的香气是木本的，而樱花的香气则混合了二者的气息，又隐隐浮动着山间泉水的韵味。“物其多矣，维其嘉矣。物其旨矣，维其偕矣。物其有矣，维其时矣。”在樱花谷中品一盏樱花蜜之甜香，顿时物我两忘，只有心灵的回声，与味蕾相应和。

石林

如果用中国画来比拟石林，云南的石林是一幅工笔重彩，形真而意切；青堰的石林则是一幅写意水墨，景在境中，境在心中。

有山便有石，石聚则成林。从青堰最著名的双胞胎泉沿着山路徘徊而下，一番峰回路转之后，远处有一片灰白与青绿交错的石林，掩映在修竹与柳杉的新绿里。

踏着脚下青灰的水泥路，踩过蜿蜒起伏的古老石阶，眼前的景色让人深深震撼。姿态万千的巨石，组成了巨大的石林，苍劲地从四周簇拥上来。

石林之美，美在壮丽，美在精巧，美在多元。而这几种美，青堰石林齐备。

如果用中国画来比拟石林，云南的石林是一幅工笔重彩，形真而意切；青堰的石林则是一幅写意水墨，景在境中，境在心中。

青堰的石林不高，没有黄河石林的参天气势，没有云南石林的壮丽景观，却疏密有致地点缀在群山与竹林当中，给人以无限旖旎的遐想。

形态大小不一的岩石，散布在群山之间，被千百年来的雨水冲刷侵蚀得满目沧桑。或从聚成簇，或联袂成片，或孑然独立，森森然绵延向远方，组成一片一望无垠的巨大石阵。那林中的巨石，伟岸嵯峨，形态各异，如鸟兽，像人群，类莲台，似楼阁，或是星罗棋布成八卦之阵，或是高低错落成匠心之园林。千姿百态无不是自然的神工造就。

青堰的石林之美在于其中的意境。如同庐山“横看成岭侧成峰”，站在不同的角度看石林，会收获不一样的风景。石林的景致也会随着天气、时光以及人的心情而变化，让你在每一步的行进间，于每一块石头的面前，都能读到一个无声的故事，忆起自己的一段过往。如果想拍照，不用刻意地去构图，寻找最佳的背景与角度，只要在脚步所停的地方按下快门，总能收获意想不到的画面。青堰的石林不是用来看的，而是用来与之互动的，凡是走进这片石林中的每个人，每一步，都会定格成石林最美的一个片段。

走向一片洼地，眼前的景色使人震撼。草坪之中，丛林之间，千石百态，形象怪异，山石林立一直连着灰白色的天边。站在地势最低处，遥望四壁，参差巨石如万千石笋，如一片峰林，如蝶状端立，如树状兀立，如笔状锥柱，如平面方桌，如深沟裂隙，如深渊绝岩，如罗衣褶皱，形态各异，千姿百态。这里的一切都是哑然无声，纹丝不动的，仿佛在远古的某个瞬间被永远地冻结了。只有阳光，沿着岩石斑驳的竖纹笔直地流注；只有风，在岩石的密林间曲折地穿行。走进石林，你就走进了巨大的静穆之境，就面对了一种永恒。时光流逝，沧海桑田。

亘古以来，巨石之色，无不是大地的颜色，或是冷峻的铁灰，或是庄严之红褐，而青堰的石林却有着别样缤纷的色彩。

自然的力量赋予了古老的石林以生命，而与之应和的，是生长于石林中的植物。超越了人类的想象力，在这片石林中，你随时随处可以看到那些扎根在岩石上的绿色生命的存在。不仅是湿润的地衣及苔藓，还有山间形态各异的野草，只要有一点缝隙，便顽强地攀爬于巨石之上，将石林覆盖上深浅不一各色的绿。那一刻，岩石永恒的生命与草木短暂的年华相辉映，“采菊东篱下，悠然见南山”的田园风光与大自然的鬼斧神工和谐地交融，生命的丰富与饱满在一眼之间引人入胜。

当微凉的掌心触摸上岩石粗粝而刚硬的身体，悸动的心总会有一阵阵安定与温暖的感觉。千百年来，人类与石林之间的故事千回百转，走进了石林的世界，

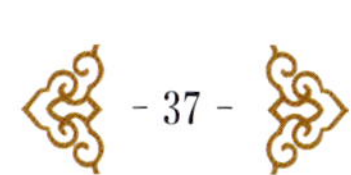

也就走进了大地最博大而包容的史诗。

据考证，青堰的石林与四面山景区同源，形成于 1 亿年前的白垩纪晚期。由于新构造运动的作用，河流的强烈下切作用形成了独特的丹霞地貌。远远看去，庞大的石林中时而椰林丛生，时而海浪滔滔，时而似万马奔腾、群龙飞舞，时而似白莲出水，亭亭而立。

而在科学和考证之外，青堰人的口中，也流传着关于石林的神奇故事。

相传在远古时期，太阳还叫作金乌，是一种三条腿的乌鸦。那时候，天上有十二个金乌，不分白天黑夜炙烤，大地火烧火燎，地上寸草不生，人间生灵涂炭。

玉皇大帝得知此事，派诸神下界收服金乌，因二郎神曾经劈山救母，对凡间地势熟悉，这一重担就落在了他的身上。玉帝赐给他一根赶山鞭、一条挑山扁担，二郎神拿着这两件宝物出了天庭，来到人间。他强忍着蒸笼一样的炙烤，用赶山鞭接连抽走两座大山，然后用挑山扁担挑着两座大山，驾云追赶飘忽不定的金乌，追上后就把金乌镇压在大山下面。一直追了七七四十九天，二郎神先后挑了十一座山，压住了十一个金乌，眼看只剩下最后一个，二郎神正在奋力追赶间，只听得“咔嚓”“轰隆”一阵天崩地裂的巨响，挑山扁担断了，挑在肩上的山重重地落在地上，裂成了碎块，散落在青堰山间，形成了独特的青堰石林。

脚步在一块巨石前暂停，眼前的石岩如同一个倒扣的石筐，被当地人称为“挑山担”，相传便是二郎神的挑山扁担折断后遗留在此处；不远处，一方长靴一般的石块倾倒于如茵碧草间，那是二郎神遗落的“仙人靴”；再往前走，是一座“黄金屋”，一块巨大的岩石俨然石屋的模样，门窗具备，梁瓦齐全；石林深处的一隅静静盛开着一对“双生花”，两块人型岩石相对而立，如一双亭亭玉立的双胞胎少女；不远处的一块开阔地上，碎石棋布，如同仙人布下的棋局……

登上附近的山峰俯瞰青堰石林全景，你不禁赞叹造化的神奇，为那万壑千峰的参差错落、嵯峨叠嶂、烟岚翠霭，为那千古石林的峰回路转、柳暗花明、幽僻与豁然。

野蜂

『欲取之，必先予之。』

养蜂如是，世间万事亦然。

在最简单的生活中，用最纯粹的本心，才能做出最纯净的蜂蜜，才能同时收获最圆满的幸福与安宁。这是养蜂的几年，青堰教会徐国伟的事。

早春一个雨过天晴的午后，青堰的群山陷入了一片云雾缭绕的迷蒙。

沿着弯弯的狭长的沟涧，一直向大山深处走，两山相夹，危崖高耸，林木茂盛，溪涧里的山泉不停地流淌，明净得可以照见人影，水在山石上缓缓地流淌着，潺潺的声响，像鸣奏的天籁。

眼前的密林中，已然没有了道路，丛生的野草见了雨水，就一股劲儿地疯长，直直地在眼前竖立。向峡谷深处望去，谷中有云雾缭绕腾跃，飘荡牵扯。徐国伟走在及膝的蔓草间，向坡岭上攀缘而去，茂林修竹深处，一顶蓝白相间的帐篷渐渐露出了模样，那是他这一个花期里每次跋山涉水的目的地——位于青堰原始森林中的野山蜂场。

三月初的春风里，青堰随处可见的野樱桃花已经开到了极致，在漫山遍野的春光里暗香浮动，引来众多野山蜂在花间蹁跹起舞，那便是徐国伟这一季最甜蜜的希望。

山间的坡岭上，放着一大排四四方方的木制箱子，远远地就听见一阵阵嗡嗡

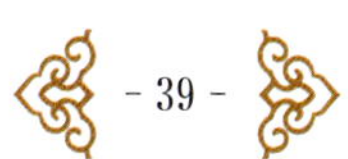

的喧闹声传来。打开蜂箱，徐国伟开始割蜜。他从箱子里慢慢抽出一块块的蜂板，每一块蜂板都要放在眼前仔细地端详好一阵子，那动作看起来有些悠闲，好像是艺术家在慢慢地欣赏自己创作的作品似的。他非常小心地移动着手里的刀，绝不会破坏一点蜂巢，将蜂巢里的蜜割完后再装回蜂箱。午后暖人的阳光下，他的眼睛微微眯着，露出一丝儿隐隐的笑意，那种笑意绝对没有掺杂一点儿伪装，就好像从内心深处缓缓流出。

青堰独有富硒的水土，山间的泉水还富含钾、锂、锌、草酸、偏硅酸等有机质和微量元素，山中空气清新，每单位负离子含量高达 2.9 万个，是动植物生长的乐园。山间四季花开不败，春有樱花、油菜花、野樱桃、桃花、杏花、海棠、杜鹃；夏日，洋槐、紫云英、栀子花、枣花、百合次第开放；秋天，丹桂、蔷薇、木槿散发出甜蜜的香气；即使是在万物凋零的隆冬，也有蜡梅初绽，再加上漫山遍野各种不知名的野花，这里自然成为野山蜂的天堂。自古以来，青堰便有养蜂人，青堰出产的蜂蜜称为双花蜜，汇集了百花之灵气，口感甜中带香，尝过一次，便让人难以忘怀。

徐国伟的父亲便是一个养蜂人，从十几岁时开始养蜂，养了四十多年，跟蜜蜂打了一辈子的交道，靠养蜂养活了一家老小，供一双儿女读完了大学。徐国伟从小便在那一抹双花蜜的甜香中长大，但直到 30 岁前，他并不想继承父亲的事业。

青堰虽然景色优美，然而由于大山的阻隔，直到 21 世纪初，依然简单淳朴如世外桃源。跟青堰许多“80 后”一样，少年时的徐国伟渴望走出大山，去看看外面的世界，去闯出自己的天地。大学毕业后，他去了成都，去了上海，去了广州，成了一名 IT 精英，过上了自己曾经向往的都市生活。

然而那样的日子越是长久，徐国伟的内心越是迷茫。在城市的钢筋丛林中，在职场的压力与纷争中，他越来越怀念少年的生活，怀念那片山林，怀念梦中双花蜜的香甜。

2012 年，徐国伟不顾大家的反对，毅然决定离开城市，回到家乡青堰，继承

了父亲的家业，成了深山中的一名养蜂人。

养蜂人的辛苦，只有养蜂人才知道。

青堰的养蜂人所饲养的都是山间的野蜂，制作蜂箱是祖辈流传下来的手艺，搭好蜂箱，打开蜂门，野山蜂就会自动前来“安家落户”。

“蜜蜂的翅膀，养蜂人的脚。”据说这是世界上最勤快的两样东西。养蜂是靠天吃饭的，不同季节，不同地点，有不同的花开，哪里花开去哪里。养蜂人最害怕雨天和大风，尤其是梅雨天气。一下雨就意味着收成低，甚至还要赔钱，花期就只有那么几天，如果花期的那几天正好下雨刮大风，那这个花期就完了。

山间的花开并没有准确的时间表，青堰海拔最高处有 1100 余米，山中温度一年四季变化不同，即使是同一种花，开花的时间也因为地势、气候的不同而千差万别。为了让野山蜂能有更多更好的蜜源，徐国伟每天要跋山涉水，行走在这片山林中，观察花期，寻找最适合采蜜的花源。时间长了，他早已对这片山林熟悉如自己的家，看看植物的长势，便知道花大致会在何时绽放。

除了寻花之外，养蜂最辛苦的就是搬运，要跟随不同花期而辗转各个地方。而因为蜜蜂要到晚上才能够回巢，大部分工作必须在夜间进行。由于蜜蜂的趋光性，搬家的时候不能开灯，否则蜜蜂便会蜇人。尽管每次全副武装，徐国伟还是免不了被蜜蜂蜇。漆黑寂静的山林里，茂密的林木在月光下映出深深浅浅的阴影。徐国伟每次和搭档深一脚浅一脚地搬运着蜂箱前进时，都会想起自己刚回青堰时父亲对自己说的话，养蜂就是这样的事业，父亲说，尝过了最多的苦，才能收获最大的甜。

也许正是因为这种艰苦，现在青堰像徐国伟一样的养蜂人并不多。在徐国伟的记忆中，青堰养蜂传统已久，孩提时代，很多人家的房屋外墙上都挂着自制的蜂箱，山中野生的山蜂，采集最天然的鲜花，收获的是最原生态的双花蜜，带着青堰山林的灵气，这样的蜜产量很少，基本都是自家食用。那时青堰也有着不少的专业养蜂人，靠着这片山林和生灵养活一家老小。然而养蜂人的孩子，却鲜有继承父辈的事业的，像徐国伟这样的“蜂二代”已经越来越少，双花蜜的价格也越来越贵。徐国伟说，也许 10 年之后，老一辈的人养不动了，青堰双花蜜就真的成了珍品。

除了养蜂的艰辛，纯粹原生态的双花蜜生产也是极为不易。

每年油菜花盛开的时节，青堰就成了野山蜂的天堂。油菜花是大花源，如果气候稳定，产量很是可观，然而青堰的春天多雨，每个春天，养蜂人都要和风雨较量。到了山间百花盛开的季节，气候稳定，酿成的蜜汇集了百花之精华，口感极好，但百花都是山间野花，留糖量极少，很长时间才能割一次蜜，养蜂人完全要本着对自然的崇敬之心以及心中那道自觉的底线，才能保证蜂蜜品质纯正。春夏之交，洋槐和紫云英的甜香溢满了山林，所产的蜂蜜也是蜜中的上品，然而这些花花期短暂，除了靠养蜂人长年积累的经验做出准确判断，多少还需要那么一点运气。而柑橘、野桂花的蜂蜜甜中带有沁人的清香，算是蜜中的极品，却因为时令的限制，蜜蜂很难采到，产量极低，只有靠养蜂人的技巧与耐心，才能收获这份自然珍贵的馈赠……

山间的生活清苦而简单，养蜂人的日子更是如修行般“原始”。选择一个背坡朝阳的地方，一个简陋的棚屋就是一个“家”。夏天热，冬天冷，白天喝的是山溪水，晚上点的是“月亮灯”，没有电视机，没有电脑，也少有人来，山林中的野山蜂是他们唯一的牵挂。每天早上 6 点，徐国伟就需要检查蜂箱，看看有无马蜂、蛤蟆之类的蜜蜂天敌，白天漫山遍野寻找花源、蜜源，长年追随花期迁徙，除此之外，还要防止山中野猴、野鸡等动物的袭击。

然而这样的生活，徐国伟却过得简单而满足。回青堰养蜂的几年，是他内心最平静的日子。不见了城市的灯红酒绿，远离了车水马龙的现代文明，每天，映入眼帘的是浓得化不开的绿色，呼吸的是清新得让人陶醉的空气，吃的是大山珍贵的馈赠，听到的是婉转的鸟鸣，欣赏的是万物生灵的舞蹈，面对的是自然造物最真实而神奇的过程。

在他看来，养蜂的过程，也是人类学会与自然和谐相处的过程，是人与自己内心关于欲望、取舍的一场对话。蜂蜜是野山蜂给人类的礼赠，却也是它们宝贵的口粮，割蜜就是“蜂口夺食”，是野山蜂和人类之间一场“利益分配”的过程。养蜂之道，在于壮大蜂群，聪明的养蜂人每次割蜜都会给野山蜂留下足够的口粮，遇到无花可采或是连续风雨的日子，还要给蜜蜂喂食。“欲取之，必先予之。”养蜂如是，世间万事亦然。

在最简单的生活中，用最纯粹的本心，才能做出最纯净的蜂蜜，才能同时收获最圆满的幸福与安宁。这是养蜂的几年，青堰教会徐国伟的事。

林间的傍晚，嗡嗡的蜂声由远及近，忙碌了一天的野山蜂开始回巢。一阵悠扬婉转的笛声响起，飞越树林，飞越泉水，飞越山涧，在青堰的山谷上方回荡，那是徐国伟坐在林间吹响了蜂笛。所谓蜂笛，笛膜是他自己用蜂翅制成的，取野山蜂的翅翼，经过浓酒的几番炮制，贴在笛孔上，吹出的笛音格外空灵清越。每天傍晚，徐国伟都要坐在林间吹上一曲，那是青堰养蜂人与这片山林的对话，指引着蜂群找到回家的路。

第三章 鸣蝉

鸣蝉

夏日的鸣蝉再次从一年的沉睡中苏醒，绵延过光阴的吟唱。茂密的青竹将碧荫投映在澄澈的双胞胎泉上，讲述着青堰世代相传的故事，守望着世间最蓬勃的希望。那是青堰和双胞胎泉最动人的力量：万物生而有灵，生命的极致美好，便是心中的希望，便是未来的无尽可能。

青堰之夏，总是在一片草木特有的清芬中悄然来临。千余米的海拔，让青堰的长夏氤氲于一片山泉般沁爽的凉意，而唤醒青堰夏日的，便是那声儿时记忆中的鸣蝉。

当泉水与山石的和鸣迎来新一天的晨光，林间的蝉声便层叠着次第唱响，穿透缥缈的晨雾，呼唤着留恋于梦境的孩童。日高林愈翠，争鸣的蝉声回荡在山间清冽明澈的双生泉上，鸣蝉、竹影、野花、清溪、灵泉相映成盎然的生机与意趣，明媚而清越，灵动而悠远。

青堰人的口中流传着诸多美好而绮丽的传说，而关于双生泉，无疑是长流于心底的一个。青堰的老人们，总会从祖辈那里听到那个发生在 200 多年前的故事，关于夏天，关于生灵，关于天地，关于青堰人世代守护与坚持的最初过往。

柳杉的针叶将初夏的日光间隔成无数细碎的影子，时光倏忽流转，起伏而缠绵的蝉声里，蜿蜒而陡峭的山路上，隔着 200 余年的岁月仿佛又走来了那一双英武而挺拔的身影。

公元 1767 年，四面山深处一条仅容一人通过的山路上，一队山民背着水罐艰难而缓慢地向高处攀爬行进。走在队伍最前面的两个年轻人，有着几乎一样的面庞和挺拔的身材。炫目的日光映照着那两个一模一样的英俊而分明的轮廓，他们警惕地观察着周围的情形，不时提醒队伍中的村民，或是在最艰险的路段伸手拉上一把乡亲。汗水流淌过那两双同样的剑眉朗目，滴进脚下干涸皴裂的山道，却无法动摇他们脚步的坚定与沉稳。

就在村民们准备攀爬一个陡坡时，突然，一声低沉的虎吼从山林深处传来，那来自百兽之王的威力，甚至让身边有些枯黄的枝叶都随之沙沙震动，村民的队伍一阵慌乱，只有那两个一模一样的年轻人依然镇定，他们一边分派着手拿锄头、木棍、柴刀的一小队村民前后警戒，并高声敲响随身携带的铜锣，一边指挥着大家更改路线，绕道继续前进。

在 1767 年那个青堰历史上罕见的酷热夏天，这样的一幕几乎每天都在上演。那一年，青堰所在的四面山遭遇百年不遇的大旱，山涧溪水干涸见底，瀑布断流，笋溪河干裂的河床如同一道道巨大的伤口刻在青堰人的命运之上。方圆数十里之内，仅剩下山腰的一汪清泉，相传此泉集四面山众山之灵，为山川福泽之宝地，千百年来如同一块山间的宝石，碧水长青。

青堰人祖祖辈辈背靠大山，对这片山林的感情让他们对林中的生灵也心怀着一份朴素的善良。在那场大旱中，不仅青堰村全体村民，甚至山林中的各种动物都以这汪山泉续命。

然而这样的平静，被一只突然到来的黑虎打破。灵泉水源充足，加上旁边时常有各种动物出没，黑虎自然将其当成了天然的栖息地。

唯一的水源被黑虎占领，进则猛虎在前，退则无水可用，青堰人突然走到了生死关头，水源不能断，每一天都有村民冒险取水被黑虎所伤，绝望笼罩着整个青堰村。

在这样前所未有的危机中，一对年轻的双胞胎兄弟站了出来。哥哥名叫双楠，

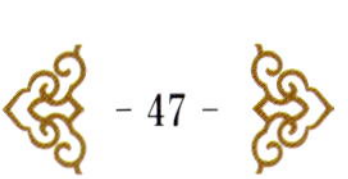

行走青堰

弟弟名叫双栩，他们将村民们召集起来，提出不能再单独上山取水，而是由每家派出年轻力壮的村民组成“护水队”，再从中选取身手敏捷的年轻人和猎户，每天互相保护一起取水。

双楠和双栩的这一提议很快得到了村民的拥护与支持。而事实上，村民们对这对双胞胎兄弟一直心存着一份喜爱与敬意。

双楠和双栩的父母并非土生土长的青堰人。母亲李若岚本是江津李市名门李尚家的掌上明珠，在父母的悉心培养下，不仅精通琴棋书画，自小更苦读诗书，培养出了高雅的气度与优雅的举止。然而在一次战乱中，李尚一家不幸死于非命，李尚在战乱中倾尽所有，将 18 岁的李若岚护送出李市，与奶娘姚婆婆一起来到青堰隐居下来。

青堰的山水灵性与村民的热情，渐渐抚平了若岚的丧亲之痛，也正是在这片神奇的山水间，若岚遇到了生命里的英雄——奉命出征贵州的正红旗将军双林。因遭到伏击，双林将军在青堰境内身受重伤，恰巧被路过的若岚救起。在青堰养伤的一年间，若岚悉心照料着将军，二人日久生情，在双林伤愈赶赴战场前，他们在村民的见证与祝福中举行了简单而幸福的婚礼。第二年，若岚在青堰生下一对双胞胎儿子，为了纪念与双林的爱情，她将“林”字拆开，满怀期待地给哥哥取名双楠，弟弟取名双栩。

然而这片多情的山水最终没有帮若岚唤回自己的夫君。就在双楠双栩两岁时，双林将军回朝，陷入党派纷争命丧天牢。消息传来，若岚痛不欲生，她将对将军的思念寄托在一双儿子身上，和姚婆婆一起倾尽所有抚养一对双生兄弟，用自己所学及将军遗留下的书籍，悉心教导两个儿子，并教村民们读书识字，深受村民的尊敬。

在双楠和双栩 10 岁时，常年郁郁寡欢的若岚怀着对丈夫的思念离世，双胞胎兄弟从此和姚婆婆相依为命。继承了父亲的英勇和母亲的智慧，18 岁时，双楠和双栩已经是村民们信赖的领袖，在那年夏天的大旱中，大家更把生的希望寄托在

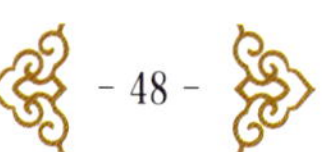

兄弟二人的身上。

在双楠和双栩的组织和带领下，护水队每天小心翼翼地上山取水，青堰村的命运似乎暂时在悬崖边稳定下来。然而这种平静随着一起意外戛然而止。也许是因为天气的燥热，黑虎的习性变得日益凶残，在一次取水的过程中，黑虎突然袭击了护水队。猎户们对着黑虎张开了弓箭，负伤的黑虎受到刺激狂性大发，一场大战下来，几乎所有人都受了伤，更有一名护水队的队员命丧虎口。

那一夜，古老而宁静的青堰村被哀伤与恐惧笼罩。“打！”“打虎！”“打死它我们才有活路！”“为死了的兄弟报仇！”村民们群情激愤，一双双充满了仇恨的血红的眼睛，聚集在双楠双栩兄弟身上。

第二天，重新组织的护水队再次出发了，从这天起，除了取水之外，他们又多了一项新的挑战：打虎。兄弟二人和村里富有经验的老猎户一起想了各种办法，在黑虎经常出没之地挖陷阱，在灵泉附近的山林中放置捕兽夹，带领猎户们隐蔽伏击……然而，在这样一次又一次的交锋中，现实给了他们最残酷的打击：黑虎在这片山林中仿佛也拥有了智慧，陷阱与捕兽夹没能发挥半点作用，而村民们的主动出击更是激怒了黑虎，只要护水队接近灵泉，它便突然出现袭击村民，每一次取水，都要付出血泪的代价，生存的危机已经如一把利剑，高悬在村民们的头上。

深夜昏暗的灯光下，双楠擦拭着父亲留下的长枪，眉头紧锁，紧盯着眼前那幅简易而宝贵的青堰地图，苦苦思索着打虎之道。双栩看着哥哥被灯光映红的坚毅的侧脸。从小到大，哥哥都是他心目中的英雄，哥哥疾恶如仇，经常说好男儿就应该像父亲那样从军报国，轰轰烈烈地征战沙场。都说双生子心灵相通，双栩自然感受得到哥哥身上的责任与压力，经过慎重考虑，他向哥哥提出了另一个方案：找水。

与勇武果敢的双楠互补，弟弟双栩从小便表现出过人的聪慧与睿智。在之前取水的过程中，双栩一直在仔细观察青堰附近山川、林木的特征，根据灵泉的水势，结合幼时所读的《水经注》等书籍，加上向有经验的老村民虚心请教，他推断，既然灵泉百年不枯，那么在附近，一定有丰富的地下水源。另一方面，双栩坚信万物有灵，人、虎与自然之间必然有更和谐的相处之道。与其守着灵泉“虎口夺水”，不如寻水打井，有了持久而稳定的水源，才能让青堰人从根本上走出“听天由命”的处境。

双栩另辟蹊径的方案得到了哥哥的支持，第二天，在村里的祠堂前，他们向村民讲述了寻水的想法，并发动大家一起上山寻水。然而出乎预料的是，这一次村民们的意见产生了分歧。长达几个月的干旱不断加重着村民的恐惧，他们对水的渴望是如此强烈，以至于大部分人宁愿守着灵泉，也不愿去寻找还不见踪影的新水源。另一方面，在长期的人虎对峙中，连续的死伤让村民们对霸占灵泉的黑虎已经产生了难以消除的仇恨，他们坚持只有除掉黑虎，才能还青堰以安宁。在生存的危机和仇恨的双重作用下，仅有少数村民愿意试着跟两兄弟一起寻找新的地下水源。

一番激烈的争论后，双楠和双栩不得不采取了一个折中的办法：将原来的护水队分成两队，大部分人由双楠带领，依然每天上山取水、打虎，另外一小部分由双栩带领，开始寻找新的水源。

青堰的炎夏依然在鸣蝉声嘶力竭的鸣叫声中延续。一天，两天，十天……半个月的时间倏忽而过，双栩描述中的地下水源依然不见踪影。寻水的村民开始动摇了，每一天，跟在双栩身边的身影都在减少，终于有一天，寻水归来时，仅剩的几个村民叫住了双栩，说从明天起，他们便不再来寻水了。背起竹篓和水罐，那几个村民转身朝灵泉走去，他们家里的水缸还是空的，从护水队分到的水并不足以保住他们地里仅剩的庄稼。

望着村民远去的背影，双栩高喊着，让他们明天跟随护水队一起上山。然而村民们似乎没有听到他的喊声。“找了这么多天水，水在哪里？”留下这句话，几个人终于消失在山林深处。

低下头，那一刻，双栩不禁有些黯然。他相信自己的分析和判断，相信在自己脚下的某处，一定埋藏着青堰全新的生机与希望，然而他却无法也不忍再去说服大家，暂时放下眼前可见的保障，去寻找未来的安稳。

水，他依然会找下去，哪怕只剩下自己一人，双栩在心里对自己说，而就在这时，一只温暖而有力的手搭在他的肩头。抬起头，双栩看到了哥哥明亮而坚定的目光。“走，我们一起去找水。”兄弟二人的手紧紧握在一起，如同生来相连的心灵，兄弟俩永远互相支持与信任。

一边商量着寻水路线一边重新向山中走去，一路上，双栩激动地告诉哥哥，经过这些天的探查，他已经从植物的生长和山脉的走向上发现了很多可靠的线索，他能断定，在灵泉之下的山脚处一定有地下水源，只等再做勘查确定具体的位置便可动手挖井。用不了多久，青堰村的危机就能彻底解除，到时候再引水进山，这

片山林便又能恢复生机与灵动。

就在兄弟二人信心满满的时候，一声巨大的虎吼如惊雷般响彻山谷。“不好！”双栩突然想起刚才不顾自己劝阻执意进山的那几个村民。

大叫一声“快救人”，双栩拉着哥哥转身便向灵泉跑去，边跑边简单地讲述了事情的缘由。就在快到灵泉时，他们遇到了两个惊慌逃跑的村民，得知还有一人落在后面被黑虎追赶，嘱咐村民回村报信之后，双楠和双栩拼尽全力向灵泉赶去。

终于赶到灵泉边，他们发现落单的那个村民已经被黑虎袭击满身鲜血身负重伤，眼看黑虎又要伸出利爪，双楠和双栩对视了一眼后，便拔出腰间的砍刀，毫不畏惧地一跃上前对黑虎发起攻击，几乎同时，双栩心有灵犀地张开弓箭，利箭带着风声向黑虎袭去。

这无疑是一场实力悬殊的较量，兄弟两个都清楚，黑虎的凶残，远非两个人能够抵挡。终于，双栩的箭射完了，两人身上也鲜血淋漓多处负伤，黑虎不断腾跃咆哮着擦肩而过，死神的魔爪近在眼前。

以兄弟二人的身手，马上逃离虎口并非难事，然而在那一刻，无比匆忙而短暂的目光交汇中，他们彼此在对方眼中看到的就只有坚定。他们的身后，还有重伤的乡亲需要保护，那是他们的责任，他们无法放弃亲人。

黑虎又一次带着风声猛扑过来，挥动的利爪扫过双栩的后背，将他重重地拍落在地上。双楠连忙一刀向黑虎砍去救下弟弟，他一边利用山间的树木和岩石与黑虎苦苦周旋，一边高喊双栩先去救人。趁着黑虎的注意力被双楠吸引，双栩忍着伤痛，将受伤的村民安放在两块岩石狭小的夹缝中，而身后，一声凄厉的惨叫传来，双栩惊恐地转身，看到了让他痛不欲生的一幕：黑虎张开血盆大口，撕咬着双楠的脖子和肩膀，而背上还插着哥哥的砍刀。

巨大的恐惧与悲痛让双栩眼中已经再也看不到危险，他猛冲上前搬起一块大石朝黑虎砸去，黑虎吃痛放开双楠，一爪将双栩拍开，重重地摔在旁边的树丛中。

午后刺眼的阳光拨开古老却已然稀疏的枝叶，照在双栩身上。耳边突然有人声响起，护水队接到逃回村的村民报信，终于在最后一刻赶来，赶走受伤的黑虎救下了重伤的双栩。在村民的搀扶下，双栩挣扎着握住了哥哥的手，双楠身边的土地已然被鲜血染红，他用尽最后的力气看着弟弟，望向灵泉，再望向山下青堰村的方向，干枯的嘴唇不断颤抖着想要说什么。双栩把耳朵贴近哥哥的嘴，努力地听着，泪流满面重重地点头。蝉悲伤地鸣唱，双楠看了弟弟最后一眼，闭上眼睛永远地睡去了。

在村民的帮助下，双栩痛哭着将哥哥葬在了灵泉旁，从此时起，他便是一个人了。站起身，踉踉跄跄地向山下走去，他还有哥哥的嘱托，双生兄弟本是一体，

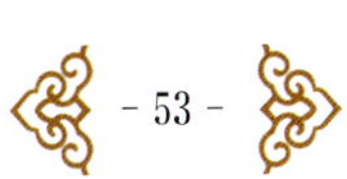

他的身上同样有着哥哥的生命，从今以后，要由他来完成哥哥用生命守护的事。

仅仅休养了几天，刚能下床活动，双栩便不顾姚婆婆和大家的劝阻，带伤走出了家门。忍着重伤未愈的疼痛，每天，他先是带领村民上山取水，然后再冒着烈日独自探查水源。汗水和血水混合着浸透了衣衫，而他依然咬牙早出晚归——在那片山林中，在寻找水源的路上，他能感到，自己并不孤单，哥哥留下的责任，幻化为山间的一草一木、一岩一石，仿佛身边依然并肩走着那个血脉相连的挺拔身影。

几天的探查下来，双栩终于确定了地下水源的最终位置。入夜，他将护水队成员召集在自己家中，打开那幅简陋的青堰地图，双栩重重地在灵泉之下的山脚处画下一个圈，难掩激动地告诉大家：在此处挖井五丈，一定能有水源！

满怀希望地将目光投向大家，双栩仿佛已然看到，甘洌的清泉从地下涌出时，村民们欢声雷动的喜悦。然而昏暗的灯光下，等待他的却只有一片凝重的沉默。良久，有村民开口："找了这么多天水，哪里有一点有水的样子？""这么多年从没听说过青堰还有水。""取水人手本来就不够，再挖井……""别白费力气了……"甚至有人用复杂的眼光看着双栩："双楠是为保护乡亲而牺牲的，你害怕，不想再去取水，我们能理解……"

村民们在沉默中散去，双栩辗转反侧，久久不能入睡。身上的伤口依然在疼痛，而村民们的不信任更加让他心痛。哥哥坚定的目光和温暖的笑容仿佛又出现在眼前，在对哥哥强烈的思念中，他突然豁然开朗，明白了自己要做的事。

第二天清晨，双栩的身影依然走在护水队的最前方。带领村民取水下山后，他独自一人扛起锄头和竹筐来到山脚下，仔细观看了地形，找准一个位置，深吸一口气，坚定地举起了锄头。

一天，两天，一尺，两尺……双栩在烈日的炙烤下，一个人在山脚下默默挖井。挖掘的深度越来越深，水却依然不见踪影。没有完全愈合的伤口再次崩裂，伤口发炎引起了高热，病痛侵蚀着他的精神和身体。汗水和泪水一起模糊了双眼，他一锄又一锄，一锹又一锹地坚持着，耳边响起的，是哥哥临死前的那句叮咛，那是他们兄弟二人最后的约定："保护好青堰，那是，我们的家……"

终于，随着锄头的再次落下，一股沁凉的清泉冲破沙石，扬起泥土的芬芳。青堰的命运在这一刻最终逆转，听着那哗哗的水声，双栩长跪在泥沙中泪流满面，抬头望着万里无云的蓝天，"哥哥，你看到了吗？"双栩长出一口气，重重地倒在了自己挖出的清泉旁。

当姚婆婆和村民在泉水边找到双栩的时候，他依然保持着昏倒时的姿态。村民们在这个曾经被他们所依赖而又怀疑的年轻人面前深深低下了头，青堰的男女老少整夜聚集在双栩家门外，他们祈求着上天，想要留住拯救了他们命运的英雄。

天将拂晓，东方暨白，山林间的蝉声再次忧伤地唱响。一直深陷昏迷的双栩睁开蒙眬的眼睛，在乡亲们期盼的目光中，他深深望向了灵泉的方向，清晨第一缕阳光抚摸着那年轻英俊而憔悴不堪的脸庞，那是他留给青堰和这个世界最后的样子。人们说，双栩临终前那最后一眼，看向的是灵泉边埋葬的双楠。乡亲们含着眼泪，将双栩葬在了双楠的身旁，这对双生兄弟，在生命的最后，终于永远相伴，彼此守望。

也许是因为水源危机的解除，从那之后，黑虎再也没有袭击村民，甚至渐渐地，人们很少能再见到它的身影。据说有上山的猎户看到，黑虎在灵泉边徘徊良久，然后转身走进了山林深处。

古老的青堰村在泉水的润泽下，重新焕发出了生机。怀着对双楠、双栩兄弟深深的敬意，村民们为姚婆婆养老送终，每年为兄弟二人举行隆重的祭奠。

时光荏苒，200 多年的岁月如白驹过隙，夏日的鸣蝉再次从一年的沉睡中苏醒，绵延过光阴的吟唱。茂密的青竹将碧荫投映在澄澈的山泉上，讲述着青堰世代相传的故事，守望着世间最蓬勃的希望。那是青堰最动人的力量：万物生而有灵，生命的极致美好，便是心中的希望，便是未来的无尽可能。

星空

青堰的星空是华丽的，也是纯净的。行走在星空下的双胞胎泉边，夜空中闪烁的星星倒映在清澈的水面上，头上繁星点点，脚下星空漫漫，水天一线，如梦似幻。让人感受到生命的博大与人间的温暖。

晴朗的日子里，每当夕阳的余晖映照在双子峰的山崖之上，一场关于星空的童话，就在青堰的天幕上开始上演。来不及等太阳完全落下，璀璨的金星便在火红的晚霞里爬上了山巅，那耀眼的金黄星芒是在城市中从未见过的明亮，即使在傍晚火烧云的映衬下，依然像一盏挂在天际的明灯，使人不禁产生如梦似幻的不真实感。

夜色渐浓中，笔架山的山巅上残留着最后一朵火烧云，云边渐渐浮现出两点星光，开始只是一个隐约的光点，像萤火虫微微明灭的翅膀，随着天光的黯淡，星光开始越来越明亮，越来越繁盛，顺着两颗星仔细找去，渐渐地周围闪现出更多大小不一的光点，如同一颗颗晶莹的宝石，被依次洒落在从灰蓝到漆黑渐变的天幕上。天色完全黑下来的那一刻，勺子一样的北斗从山和天的交际处缓缓升起，和樱花谷中的一点灯火相映。大风吹开山间的云霭，天空亮彻，星辰闪耀，远处静静流淌的云海让人觉得置身于仙境。

如果不是亲眼所见，你也许永难相信，头顶方寸的天幕上竟可以装得下如此众多的繁星。青堰的夜空，是星的海洋，是星的丛莽，一簇簇，一片片，是星的荟萃，是星的绽放。走在山间曲折的小道上，头上繁星闪烁，似真似幻。记忆中一个个星座的图案，在此刻如此真实地近在眼前，像从星图上映射出的投影。那样多的星光聚集在一起，尽管没有月亮，却仍觉得身上披满寒光。就连远处群山的轮廓，也在漫天的星辉下清晰可见。那一刻，仿佛置身于宇宙的博大与浩渺之中，世间的一切纷扰，在星辰的永恒面前，早已微不足道地随风飘远。

然而还未从这样物我两忘的境界回过神，更加奇幻的场景便出现在眼前。云开之处，皓月的清辉洒向地面，雾状的银河升起，宛如明亮的珠帘瀑布般倾泻而下，像一条镶嵌了无数宝石的玉带，形成一道完整的拱桥挂在半空中，而四围的繁星就像从银河中飞溅出去似的，那么近，那么亮，即使在皎洁月光的照射下，也未曾有片刻失色。那是从未有过的真实与璀璨，似乎伸出手便可登银河而摘星辰。这样震撼的场景，让人不禁沉醉其中，永远不愿停下追逐星空的脚步。

星移斗转，远处的山头上，出现了一片迷蒙而温柔的黄色光线，像云，像雾，绮丽却又

带有星辰的神圣，氤氲成一团云气，渐渐融入了银河的背景。那是夜空中神奇的黄道光，只有在最澄净的地方，才能有幸一睹它的身影。天地静谧如此，繁华的浮躁，匆忙地赶路，一切都可以静下来，听到的只有自己心灵的声音。

青堰的星空是华丽的，也是纯净的。行走在星空下的双胞胎泉边，夜空中闪烁的星星倒映在清澈的水面上，头上繁星点点，脚下星空漫漫，水天一线，如梦似幻。于是突然觉得，自己所追寻的星空或许不在天上，你不需要寻找，也不需要等待，因为它们已经在你的眼睛里。

登上山峰的高处从上向下望，星垂平野，村舍星罗棋布，人间的繁华局促成一颗颗棋子，如同蜉蝣之于天地，一粟之于沧海。面对神秘而辽阔的星空，我们似乎只能选择仰望的姿态。这样的景象，让你什么也不想说，不想做，就这样静静地坐着，仰视着，感受着，思绪由近及远，一点一点地泛滥开去。

恍然中，山谷里人间的灯火也次第亮了起来。黄的、白的、红的、明亮的、昏暗的、闪烁的……在灯火的映衬下，这样绝美的星空又让人感受到生命的博大与人间的温暖。

夜渐渐深了，山谷中的柔弱灯光与天幕上的神秘星光，却让人依然舍不得睡去。站在山顶，抬头便是星空，偶尔，还会有一道闪亮的流星，顺着你遥指银河的指尖划落。此时的青堰仿佛已经不再只是青堰，而是化身为信使，传递着爱与永恒。

求道

村民们说陈老神仙是真的修成了仙，得到了正果，只是他舍不得这片他生长开守护的土地，于是，隔着仙凡的界限，护佑着青堰的人们。

雨后的青堰，雾霭升腾，云烟缥缈，奇峰异石在云雾中若隐若现，空灵飘逸，恍若人间仙境。让人不禁想到山中是否有修仙的隐士。

日月相催人易老，不如修道学神仙。在这片充满灵气的山水间，带上茶炉爬上双子峰的后山，寻一处竹林烹茶品茗，在袅袅上升的茶香中，青堰的老人悠悠地讲起了一个关于修仙求道的故事。

相传在明朝年间，青堰有一位姓陈的少年，自小父母双亡，淳朴的村民同情他的遭遇，就让他帮大家放牛，以此为生。少年没有名字，村民们都亲切地喊他陈小娃。

一个夏日的午后，陈小娃上山放牛，突然遇到了暴雨，匆忙中带着牛找到一个山洞躲了起来。雨停之后，山林中漫起了大雾，那雾来得跟平常有些不同，乳白中透出淡青色的光芒，浓得好像化不开似的。

行走青堰

眼看天色已晚，陈小娃牵着牛，在大雾里艰难地辨别着方向，摸索着向山下走去。然而却发现，这片往日里走熟了的山林似乎不再是原来的模样，仿佛走过了一生的时间，却依然没有找到下山的路。

雾气渐渐淡去，陈小娃发现自己不知何时已经置身在一片茂密的竹林当中，再往前走，便是一条山溪，溪边盛开着许多不知名的花，一座竹屋安静地伫立在山溪边上。常年在山中放牛，陈小娃却从不知道山里还有这样一处所在，就在他诧异的时候，一阵悠扬的竹笛声传来，面前出现了一位须发皆白的老人。老人上下打量着陈小娃，突然哈哈一笑，说道："能走到这里就是机缘，留下吧！"

老人告诉陈小娃，他是云游的修道之人，路过青堰，看到山清水秀，灵气四逸，便在这里停留下来，建了这座竹屋，在山中修行。门前的竹林中，有他特意布下的迷阵，因此即使有村民走到这里，也很难发现他的行踪。陈小娃在巧合之下闯进了迷阵，修行之人讲究机缘，在他看来，这就是缘分到了，想要收下这个徒弟。

从此，陈小娃就拜老人为师，开始了山中求道的修行生活。老人耐心教导陈小娃修行之道，更教他为人之道。他告诉陈小娃，修行首先是修心，要行得正坐得端，更要守住自己的底线，担起自己的责任。

山中修行不知岁月，转眼间，陈小娃已经从当初懵懂无知的少年变成了成熟稳重的中年人。就在陈小娃跟随师父修行的第三十个年头，师父告诉他，自己要离开了。临走前，他叮嘱陈小娃，不要忘记修行即修心，在这片山林中继续修行，自然有他的机缘。

牢记师父的话，陈小娃开始了一个人的修行。在修行的间隙，他经常回村里帮村民砍上一捆柴，挑上一桶水。师父教了他药理，他就经常下山帮村民看病，并教他们一些简单的养生之道。村里的猎户常年在深山老林中行走，难免遇到些困难，陈小娃得知后，也会义不容辞地出手帮他们化解危难。时光一年一年地过去，儿时的玩伴都已经白发苍苍，而陈小娃依然是三四十岁的模样；曾经

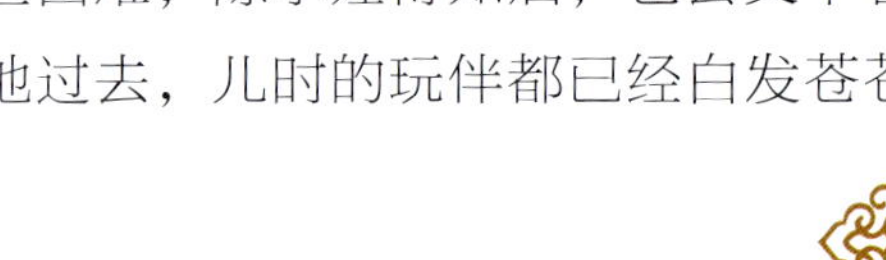

相熟之人相继故去，原来的孩子也已经儿孙满堂，将近百岁的陈小娃只是两鬓微微泛起花白，人们开始不再叫他陈小娃，而称他陈老神仙。也有好奇的村民问他，什么时候成仙而去，他总是笑着说："快了，快了。"

日复一日，年复一年，陈小娃淡然地继续着他的修行，直到一场突如其来的灾难将它打断。

那年夏天，青堰的山体突然发生山崩。半边山体发出震耳的轰鸣从山头滑落，朝着山下的村庄而去，一场灭顶之灾眼看就要来临。那些天，陈小娃夜观星相觉察到异相，便一直在山中来回巡视，发现灾难来临，他一边运功高呼，让村民避难，一边独自迎着巨石的方向朝山上奔去。拼尽一生修行的功力，陈小娃竭力阻挡着倾倒的山体，山峰越来越沉，越来越重，已经不是陈小娃一人之力能够阻挡。眼看着山下村民奔跑逃命，他想着师父的话，修行即修心，要守住自己的底线，担起自己的责任，下一刻，他毫不犹豫地动用秘术，燃烧自己一生的修为。一声震天撼地的巨响之后，滑落的山体终于归位，牢牢地固定在原来的地方。

村民们得救了，而当他们在烟尘四散中赶上山时，却不见了陈小娃的身影，只有陈小娃常用的拂尘，染着鲜血深深地插在泥土中。

就当村民们为这位挽救了他们的陈老神仙低头落泪时，山谷的上空突然金光四射，整个山林都沐浴在一片如丝雨一般的五彩霞光里。突然，有人看到陈老神仙骑着牛，白衣翩翩，从远处的山路上走来，慢慢走向竹屋的方向，那背影越来越空灵，越来越虚幻，最后和霞光一起消失在山间的雾气里。

从那之后，每当村民们遇到危难时，陈老神仙总会突然出现，伸出援手，而当危险过去，又那么突兀地消失不见。村民们说陈老神仙是真的修成了仙，得到了正果，只是他舍不得这片他生长并守护的土地，于是，隔着仙凡的界限，护佑着青堰的人们。

壶中的茶喝过了三泡，一场像陈老神仙故事中一样的山间暴雨突然袭来。

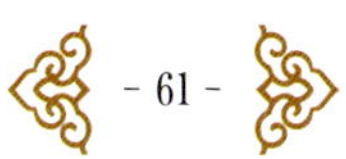

片刻之后，风停雨霁，雨后漫山遍野长起雾气，恍若仙境，让人恍惚分不清传说与现实的边界。

往四周看，隐约间都是万丈深渊。前后左右皆无路，竹林已经看不见了，信步驻足悬崖边，举目看烟云变幻，触手可及，又见隐约中郁郁葱葱，密林片片。不远处，忽有人喊山，一声吆喝，悠悠扬扬。忽然就明白为什么古人相信有仙人，为什么仙人出场时总是缥缥缈缈、烟雾缭绕。后又见一束光，劈开一孔，洒下来。那一刻，在烟云中，举步成仙，除此之外，再无他想。

中国人爱山，爱的是它林木森森的含蓄和人迹罕至的空灵，是“石泉淙淙若风雨”的生机，是“只在此山中，云深不知处”的幽谧，是“落叶满空山，何处寻行迹”的隐逸，是在生活中奋斗沉浮之余，给自己的心灵寻访一个自由逍遥的空间，使心灵桎梏得以解脱。在青堰的山水自然间，许浮华世界中匆忙的灵魂一场心灵的修炼，这又何尝不是“修仙”，何尝不是一种 “求道”的过程？

虎道

山间的庙一般分为几类，或拜祭山神土地，或供奉菩萨神明，或纪念当地某个传说中的人物，而来龙庙恰恰在这几类之外。

在中国的山水文化中，有山必有庙，几乎是一条司空见惯的定律。如果说山是自然活动的见证，那么山上一座座或大或小的庙宇便是人类文明的印迹。庙存在于高山之上、深林之中，山为庙增添了几分曲径通幽的意趣，庙为山增添了几分有仙则名的灵气。

青堰后山的深处，有一座名叫来龙庙的古庙。青砖的院墙掩映在茂密的丛林之中，许久以前已然断了香火，只留下残破的墙壁与古旧的窗棂，仿佛在诉说着它曾经的人声鼎沸，香火不息。

山间的庙一般分为几类，或拜祭山神土地，或供奉菩萨神明，或纪念当地某个传说中的人物，而来龙庙恰恰在这几类之外。

早年，青堰的村民中曾经流传着一个关于龙的传说。龙从天上而来，在云雾中看到了青堰的青山碧水，不觉被吸引到山中游玩一番。它降落在了一处山头之上，山林中的百兽感受到龙的威严与神力，争先恐后前往山头朝拜。龙在山中开坛，

讲道七日，然后伴随着风雨，腾空返回天庭。凡听过其讲道的动物，从此都灵性大增。为了纪念龙的降临，人们便在它降落之地修了一座庙，称为来龙庙。

由名字及传说便可看出，从诞生之日起，来龙庙就不仅是人类所独享。青堰的山水灵气绝不仅仅属于人这一食物链顶端的物种，山中的一草一木，一岩一石，一禽一兽，都在这山林中追寻着自己之道，探求着生命存在的意义。

据传说，在来龙庙烟火鼎盛的年代里，每逢农历初一十五，都有德高望重的道人从外乡而来，在来龙庙讲道，不仅青堰本地的村民，就连附近李市、双凤甚至江津的百姓，也时常起早贪黑，跋山涉水前来听讲。

在一次讲道的过程中，突然一阵狂风刮过，庙门前飞沙走石，一只硕大的老虎赫然出现在人们的面前。人群惊慌失措，四处逃窜，老虎却并没有恶意，而是慢悠悠地踱到讲坛前，像只大猫一样坐了下来，抬头看着讲台上的道人。

道人不慌不忙，与老虎对视一眼后便闭上了眼睛继续讲道，甚至连声音都没有起伏波动，老虎也没有进一步的动作，反而伏下身子，前爪交错卧在了地上，眼睛一动不动地盯着道人，仿佛在认真听讲一般。

一人一虎就这样一个讲一个听，整整过了一个下午。当结束了所有的功课，道人突然睁开眼，对老虎说：“万物皆有求道之心，然而此处并不是你修行之地。莫要再在白天出现，若你真想听，可在每月初一十五掌灯时分前来寻我。”老虎看着道人，摇了摇尾巴，仿佛真的将他的话听了进去，然后转身走进了山林。

下一次讲道之时，老虎没有在白天出现。当人群散去，天色渐暗，道人走进庙门，果然发现，老虎在庙内端坐着，像等待先生开讲的学生。

从此之后，每月初一十五晚上，老虎都到来龙庙听讲道，而道人每次也认真讲着，对待老虎丝毫不亚于白天对待村民。

时光倏忽而逝，道人的鬓角已经染上了霜华，老虎的皮毛也由原来的金黄变成淡淡的浅黄色。有一天，道人正在讲道的过程中，突然就收到了老虎的意志，它叫：“师父！”然后说了一句“多谢”。道人抬头，看见老虎正在冲他微微地颔首，他站起身，把手放在庞大的虎头上，然后一人一虎向庙门外走去，一起消失在夜色中的山林尽头。

来龙庙从此冷清了下来，人们再没有见到过道人开坛，有人说，老虎本是神龙讲道的受益者，终有一天要上天追随龙的脚步，而道人，便是他得道过程中的接引人。老虎因为道人的度化而得道，道人也由此积下功德而成正果。

人有人道，虎有虎道，万事万物自有其存在之道。青堰的山水是包容的，无论是龙，是人，是虎，都能在其中找到自己的道心所向。万物生而平等，这便是生命的轮回之道。对自然与生灵的敬畏，是青堰人从未改变过的初心。

三王菩萨

当村民们重新收拾家园的时候，不知是谁望向双子峰的山顶，却发现原本在山腰的三王菩萨雕像不见了，而向山脚看去，那巨大的石块正深深陷在村口的泥土中，石块之上，三王菩萨含笑而坐，面目慈悲，似是在安然守护着青堰的平安。

双子峰北坡山脚下的荒烟蔓草中，一块巨大的岩石安静矗立着。赤红色的岩体遍布着岁月风霜侵蚀的痕迹，岩身的背面长满了苔藓，乍一看与周围的山石并无二致，仿佛已经在此静默了千百年。然而走近细看，却发现岩石朝阳的一面上，雕刻着三尊菩萨的雕像。尽管山间的风已经把岩体打磨得光滑，依然可见其圆润饱满的半身轮廓，眉眼间，竟能依稀看出几分敦煌石窟的风格。

青堰的老人介绍，石上的三尊菩萨名叫三王菩萨，的确是雕刻于唐朝年间。其作用并不是传经布道，而是青堰山间的镇山神。老人们讲，古时山间常有山洪、泥石流肆虐，在那个传统的农耕时代，人类的力量在自然面前是如此渺小，唯有把希望寄托在神灵身上，因此每座山都会有自己的镇山神，受人间香火，保护一方土地的平安。

与其久远的年代、精湛的工艺相比，令人惊奇的是，作为镇山之神，三王菩萨的位置本来并不在山脚之下，而是在双子峰一侧的半山腰处，不知何时从山上滚落，停留在了山脚路边。于是，这段传奇的“经历”便成了传说开始的地方。

阳光透过大槐树茂密的枝叶，在地上散开点点淡淡的光晕。老人点上一支烟，用浓重的乡音讲起了三王菩萨的故事。

相传在古时，双子峰已然是双子峰，但樱花谷还并不是樱花谷，而是山间一片水泽地。有一年夏天，青堰洪水成灾，山洪造成了大片的山体滑坡，大股大股的泥石流从山上冲下，冲向村庄，冲向田地，冲向青堰人亘古不变的安稳生活。

人类的力量在自然的灾难面前，总是显得如此苍白和无力。就在危急时刻，电闪雷鸣，一道金光闪过，仿佛是从山体的岩壁中冲出三个金色的身影，那身影越长越大，很快已和面前的山峰一样高，有村民认出那是山上的三王菩萨，在危急时刻显灵，挡在了村民的面前。

暴雨山洪依然凶猛，三王菩萨伸开擎天的巨掌，在青堰村四周筑起坚实的堤坝，水越涨越高，堤坝也随之越长越高，青堰被三王菩萨的手护在中间，就像一只巨浪里的小舟，随时都可能遭受灭顶之灾。

眼看着滔天的洪水和泥石流就要越过双子峰的山顶，倒灌至山的另一边，三王菩萨互相点了点头，三道金光由他们身上一起射出，射向群山之间的一大片水泽。巨大的轰鸣声响过，强烈的震荡之后，村民们睁开眼睛，不由被眼前的景象惊呆了：原来的水泽不见了，群山之间出现了一个巨大的山谷，漫天的洪水正顺着三王菩萨的手臂被引向山谷之中，掀起阵阵滔天的巨浪。

洪水退去，三王菩萨收起真身，重又化作金光返回了岩石中的雕像上。村民们走到山谷边缘，看到了令人震惊的一幕：洪水被飞流而下的巨石所阻塞，在谷底形成了一片堰塞湖，映着傍晚的夕阳闪耀着点点粼光。

当村民们重新收拾家园的时候，不知是谁望向双子峰的山顶，却发现原本在山腰的三王菩萨雕像不见了，而向山脚看去，那巨大的石块正深深陷在村口的泥土中。

第二年春天，在三王菩萨开凿出的山谷中，谷底开出了朵朵绚丽的樱花，于是村民们便把它叫作樱花谷。而大家也曾试图将三王菩萨重新移回山上，却发现无论怎么搬移，刻有三王菩萨的巨石都岿然不动，石块之上，三王菩萨含笑而坐，面目慈悲，似是在安然守护着青堰的平安。

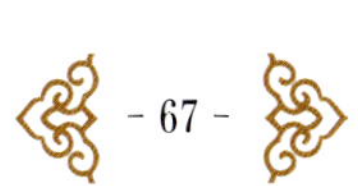

大红岩洞

车家岩洞是大自然的鬼斧神工与人类智慧相辉映的杰作。青石筑成的寨墙，将大红岩洞洞口平台悬空的三面紧紧圈住，寨墙当中留有内外中三道寨门，两旁相对修建有炮台，用以抵御土匪的进攻。进入三道寨门，便是大红岩洞的洞口，成为一方悬挂在半山的世外桃源。出入寨子全凭几条软梯上下，除此之外，再无它路。

双子峰的半山腰上，一望无垠的苍翠林木间突兀地有着一块明灭的红，一个庞大的洞穴横空出现，深深嵌入山腹，悬挂在壁立千仞的山间峭壁上。因为洞体巨大，色若丹霞，青堰人取其形与色，形象地称其为大红岩洞。

大红岩洞是典型的风蚀岩洞，是亿万年的风蚀作用在山体上留下的痕迹。洞口宽达十余米，四壁是青堰特有的丹岩，岩壁被亿万年的风沙与光阴吹过，留下一道道、一块块花白的痕迹。洞口一块巨大的岩石，水平向外挑出，成为一方天然的平台，平台之大，面积足有二三百平方米。

青堰山间散布着众多的风蚀洞穴，大红岩洞无疑是最知名也是最神奇的一个。在青堰人的口中，除了大红岩洞这个名字，它还有另外一个称呼叫作车家岩洞。一个名字的背后，便是一个经年的故事。

辛亥革命前后在青堰历史上是一段动荡不安的岁月。战乱与匪患交织，位于川黔古盐道上的青堰多次遭受土匪的袭击，村民们终日生活在恐慌和忧虑之下。

为了躲避战乱，抵抗土匪，青堰人想出了各种办法，而车家岩洞无疑是最具有想象力的一个。

在当时的青堰，有一位名叫车尚华的地主，受到古时人们躲入山洞避乱的启发，兴起了在山中修建“车家寨”的想法。大红岩洞在双子峰的山壁上存在了千百年，周围皆是笔直陡峭的崖壁，好像自然形成的天然堡垒，而洞口那块巨大的平台，恰好可以作为筑寨之用。

要在一面悬崖之上筑寨，难度之高可想而知。大红岩洞整体镶嵌于悬崖山壁之上，根本无路可至，山崖陡峭，大有“猿猱欲度愁攀援”之态，更不要说筑寨所需的物资要如何运送。

为了筑寨，车尚华请来村中的攀爬高手，沿着峭壁爬上大红岩洞，在崖壁上搭了几条绳梯，一直飘飘荡荡从洞口悬吊到山脚之下。每天，筑寨的工匠从绳梯而上，所需的材料则在山下加工好后，用长绳吊着拉到洞口。

在这样艰难的条件下，用了整整一年的时间，一座简单却坚固的寨子终于在大红岩洞洞口的平台上横空而出，青石筑成的寨墙，将大红岩洞洞口平台悬空的三面紧紧圈住，寨墙当中留有内外中三道寨门，两旁相对修建有炮台，用以抵御土匪的进攻。进入三道寨门，便是大红岩洞的洞口，成为一方悬挂在半山的世外桃源。出入寨子全凭几条软梯上下，除此之外，再无它路。

车尚华在洞内储存了木柴、米粮，又从山上引一道山泉到寨中。每当有土匪来袭，就带领家人和乡邻由软梯进入岩洞避难。当寨门关闭，软梯收起，车家岩洞就在大山的怀抱中变成一方与世隔绝的天地，如同乱世中的一叶方舟，保护着附近的村民。感激车尚华的善举，大家从此便把大红岩洞称为车家岩洞。

尽管今天车家寨已经毁于战火，然而它身上的故事依然是青堰人心中一段无可磨灭的传奇。从大红岩洞到车家岩洞，名字的变迁体现着青堰人与自然的相处之道。如果说大红岩洞是大自然鬼斧神工的杰作，那么车家岩洞便是人类智慧与勇气的杰作。这两种世界上最神奇的力量相辉映，便成为烙印于岁月中最壮丽的景致。

双生祭

随着时代的变迁，双胞胎已经由过去的不祥之兆演变为今天的双喜临门，而双生祭的意义也由过去的趋吉避凶变成了今天村民们表达对山、对水、对生命的崇敬，以及祈福生一对双胞胎的美好心愿。

夏末时节，碧草如茵，翠竹林立。青堰村的双胞胎广场上聚满了全村的男女老幼以及远道而来的游客。他们手持装有双胞胎泉水的双耳陶杯，高高举过头顶，向着面前的群山再拜而立，号角声响起，人们将陶杯中的水一半倾倒于地，洒入山川泥土，剩下的一饮而尽，寓意自己和这方山水从此血脉相连，求得山林庇佑，福泽平安。

每年夏末秋初之时，双胞胎村青堰便迎来了全村一年中最大的一件盛事——双生祭。

青堰的双生祭由来已久，其历史大约可以追溯至 1600 年前。

双生之词，出自南北朝《公羊传》，又名孪生、双产、骈产，指人一胎生二婴。双胞胎的降生，在今天是家庭的喜事，而在过去漫长的时光里，双胞胎却一直被视为灾难的存在。历史上对于双胞胎的歧视首先来自皇宫，古时后妃若生了双胞胎，皆被视为不祥，一般情况下都会二者舍弃其一，甚至两个孩子以及母亲的生命都会受到威胁。而这种不祥究其原因，则是为了皇权的需要。皇位只有一个，若继承人是双胞胎之一，另一个双生兄弟必然会给太子带来巨大的压力，而双生兄弟相似的样貌，也为未来皇位的稳定埋下了隐患。这种对双胞胎的歧视由皇宫传到民间，双胞胎不祥的说法，开始在民间流传开来。古代医疗水平低，妇女生育本

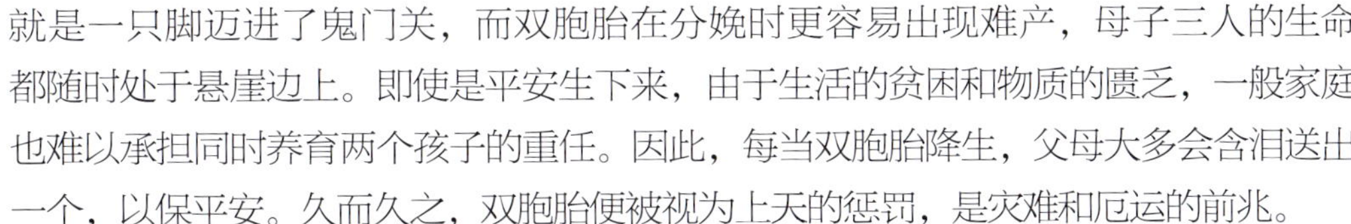

就是一只脚迈进了鬼门关，而双胞胎在分娩时更容易出现难产，母子三人的生命都随时处于悬崖边上。即使是平安生下来，由于生活的贫困和物质的匮乏，一般家庭也难以承担同时养育两个孩子的重任。因此，每当双胞胎降生，父母大多会含泪送出一个，以保平安。久而久之，双胞胎便被视为上天的惩罚，是灾难和厄运的前兆。

早在南北朝时期，当时还叫作青草坝的青堰村便开始接连不断地出现双胞胎。一对又一对双生婴儿的降生，让古时的青堰人陷入了恐慌。他们多方奔走求告，想要找出化解厄运和不祥的途径。

在当时青草坝玄武山的云雾深处，隐居着一位鲜为人知的老道长。老道长通过卜算得知，青草坝人多生双胞胎，主要是源于当地的水土。上古神话中，女娲造人时，取光明之土和光明之水，制造了自己的一对双生儿女，相传青草坝的土和水即是女娲造人所剩下的土和水，青草坝泉水即为光明之水，青草坝富硒土即为光明之土，人们常年生活在这样的水土之间，便诞生出了越来越多的双胞胎。

为了化解可能出现的厄运，消除双胞胎身上的不祥之气，道长祷告上苍，终

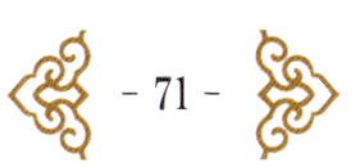

于求得了化解厄运的办法：每年的夏末秋初，全村人通过一套特定的仪式为当年新出生的双胞胎祈福，就能消除潜在的灾难，也庇佑这些双胞胎健康成长，他把这套仪式称为双生祭。

在道长的奔走之下，当年的双生祭很快就在青草坝举行。全村男女老幼聚集在山间的坝子上，每人手腕之上都绑上五色绳，寓意融合五行之力。祭拜活动的内容主要包括：拜山，拜水，拜女娲。而整个祈福仪式最为核心的环节就是祭拜女娲娘娘。

拜山，意在借山神之力，使光明之土与青草坝人的血脉融合。用山间红土烧制成双耳的陶杯为容器，取一杯山中刚冒出还未落地的泉水，一半自饮一半用来拜祭山神，以示自己是山神子民，求得山神庇佑。

拜水，意在共享光明之水的福泽，表达对生命的敬畏。用竹篾扎成各色河灯，写上祈福之语，沿着山谷上的溪泉顺流而下，直飘入笋溪河，以示光明之水与人间之水相融合。

拜女娲是整个祭拜中最重要的环节。在村子最中央处安放女娲娘娘的金身雕像，村民头缠象征光明之土和光明之水的黄蓝两色丝绦，由推选出的主祭人带领，向女娲娘娘上香行礼，奉上祭品。拜祭完毕后，从祭坛上领取光明神符和龙凤娃娃，男佩神符，女戴娃娃，这两种吉祥物，一直要随身佩戴到当天的午夜。

拜祭完成后，村民们就在雕像下唱起祭歌，跳起祭舞，分食专为拜祭而准备的宴席和礼果，天色渐暗，一堆堆篝火燃起，薪火不息，直到深夜。

双生祭的习俗就这样一年又一年，一代又一代在青堰保留下来。直到清朝乾隆年间，双楠双栩兄弟打虎挖井，带领村民战胜了干旱，为了纪念这一对英勇的双胞胎，村民们在双生祭上加入了祭奠兄弟俩的环节，拜祭用的水也由普通的山泉改为双胞胎泉的泉水。

随着时代的变迁，双胞胎已经由过去的不祥之兆演变为今天的双喜临门，而双生祭的意义也由过去的趋吉避凶变成了今天村民们表达对山、对水、对生命的崇敬，以及祈福生一对双胞胎的美好心愿。越来越多慕双胞胎村之名而至的外来游客，也加入到这场盛大的仪式当中，请一张光明神符，佩一对龙凤娃娃，希望青堰的光明之水与光明之土，能实现他们生双胞胎的夙愿。

曲拔庙

村民们为了纪念晚生，在笔架山上修建了曲拔庙，取文曲星护佑之意。庙内供奉文曲星君神像及晚生的塑像，在他们看来，晚生不仅是文曲星下凡，更是人间有血有肉、有情有义、至孝至贤的榜样。

从樱花谷上方的盘山公路一直盘旋而上，穿过层层岚霭，便来到笔架山的脚下。眼前，一座高耸的山峦拔地而出，如一面突兀的危墙，笔直地插入天际，山巅的形状起伏成两道波浪形的流线，三座山峰高低错落，意趣盎然。

笔架山是青堰层峦叠嶂的群峰之一，因形似中国传统的文房用具中用以搁置毛笔的架子而得名。山头终年云雾缭绕，掩映着四面山特有的碧树与丹岩，为这座巍峨雄伟的山峦油然增添了几分儒雅俊逸的书卷气质。

从山脚下沿溪涧溯游而上，穿过丛生的荆棘与飞溅的野瀑，一座古老的庙宇不期然出现在峰回路转之间，恍然像飘荡于浮云上的剪影。通往庙门的古老石阶早被杂草和青苔所占据，道旁丛丛茂密的翠竹似乎越千载而长青，檐上残缺不全的几只螭吻依然昂首傲立俯视人世变幻，与笔架山上的云烟遥相呼应，历经风霜的牌匾已然布满了岁月的斑驳，依稀可以看出上面的三个大字：曲拔庙。

越过残垣小心地迈进庙门，大殿内尘封土积，蛛网纵横，头上褪色的天花藻

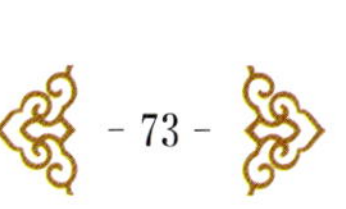

井之下，塑像已残缺不全，仔细辨认才发现庙内供奉的竟然是文曲星君，而在法座的一侧，一个少年书生持卷而立，眉目间满是谦和与淡泊的模样。

如此偏僻的山间为何会有文曲星的庙宇？而庙中又因何会有一位凡人书生？细碎的阳光从殿门前古老的瓦檐流泻下来，像是抖落一束束经年的旧事。曲拔庙的由来便在青堰人的口中，随着光影展现在眼前。

曲拔庙的历史大抵可追溯至明末清初之间，当时青堰的山中居住着一位姓陈的猎户，与妻子男耕女织，在笔架山深处过着平淡而安稳的日子，唯一的不足便是，眼看夫妻二人已经年过四十依然没有孩子，膝下空空成为二人最大的遗憾。

命运翻手为云覆手为雨，拨弄着陈猎户和妻子的人生。一日陈猎户进山狩猎，被野兽追赶不幸掉落山崖，就在陈猎户的妻子痛不欲生之时，却无比意外地发现自己腹中已经有了丈夫的孩子，从此她把对丈夫的爱与思念全部寄托在这个孩子身上，小心翼翼地保护着这个未出世的生命。

十月怀胎，终于到了分娩的日子。一个夏日的傍晚，随着天光渐暗，夺目的星辰在青堰的天幕上次第出现。星移斗转间，北斗渐渐从笔架山背后升起，就在魁星初上山巅之时，半空中突然传来一声渺茫的巨响，似狮吼，又像是雷声，婴儿嘹亮的哭声随之破空而来，陈猎户的遗腹子降临了人间。陈猎户的妻子抱着这个迟来的孩子，满怀爱意给他取名叫“晚生”，母子二人从此在山间相依为命。

陈猎户的妻子也曾是读书人家的女儿，父亲生前是一个落第举子，因此尽管家境贫寒，依然倾尽所有供晚生读书习字。晚生从小便表现出惊人的天赋，三岁识千字，五岁熟读四书五经，十岁出口成章，十五岁便是秀才，十八岁高中解元，村里人都说，晚生踏北斗而生，是文曲星下凡，将来必定能蟾宫折桂，平步青云。而晚生一直是一个极为孝顺的孩子，自懂事起，便帮母亲挑水洗衣，砍柴生火，锄草耕田。每天晚上，母亲在灯下缝缝补补，他都要烧起一盆热水，为母亲洗脚，然后再在昏暗的灯光下独自温书直到深夜。

转眼到了晚生二十一岁那年，母亲四处举债为他凑足了盘缠，送他进京赶考。

背负着母亲的期望，晚生在会试中一举拿下会元，只等金殿对策金榜题名，便要接母亲进京侍奉，以报答母亲的养育之恩。

然而就在殿试的前一天晚上，村里来人送来消息，晚生的母亲为了早日还清债务，每天纺织直到深夜，积劳成疾一病不起，乡亲们帮衬着请来医生，却是药石无效，盼着晚生早日回乡。

第二天金殿之上，晚生应对如流，一甲进士及第，被皇帝钦点为榜眼，然而在众人艳羡的目光中，晚生却当场请辞，含泪请求允许自己辞去功名，返回家乡侍奉母亲。当时的皇帝极为推崇孝道，面对婉拒皇恩的新科榜眼，皇帝初时极为震怒，等问过缘由，被晚生的孝心感动，称“榜眼易得，重孝道胜功名之孝子世之罕见”。当即赐下白银千两及车马药材，准晚生即刻返乡。

晚生星夜兼程赶回青堰，四处延请名医为母亲治病，终日衣不解带侍奉在母亲床前。也许是因为他的悉心护理，也许是因为皇帝赐下的珍稀药材，母亲的病终于一天天好起来，只是留下了眼疾，目不能视，生活起居全靠晚生照料。

从此，晚生告别了触手可及的鲜花着锦、烈火油烹的人生，安心在山中侍奉母亲，直到母亲八十多岁无疾而终。感激乡亲们多年的帮扶与照顾，他在村里兴办起义学，免费教授村民的孩子们读书习字，遇到有贫苦人家的孩子出山赶考，还赠送盘缠，帮他们圆自己的科举仕途之梦。

在故乡群山的怀抱中，晚生安宁地度过了七十八年的时光。晚生去世后，村民们为了纪念他，在笔架山上原来晚生家所在之地修建了曲拔庙，取文曲星护佑之意。庙内供奉文曲星君神像及晚生的塑像，在他们看来，晚生不仅是文曲星下凡，更是人间有血有肉、有情有义、至孝至贤的榜样。

曲拔庙修建之后，青堰人便将其视作祈求文运的福地，凡是有书生进学、赴考，都要前来拜祭，以求文星高照，魁星点斗，漫长的科举时代中，庙内人烟繁盛，香火不息。而寻常人家生了孩子也会前来祈福，除了祝祷儿女文采过人之外，还希望他们能如晚生一般善良仁孝，一家人团圆长久，幸福和美。

八卦山

在青堰人的眼中，八卦山仿佛一直蒙着一层美丽而神秘的面纱。而关于八卦山的种种传说，更让这座四面山的最高峰，充满了神话般的奇幻色彩。

从双胞胎泉沿着山路向纵深处走去，群峰连绵，纵横交错，远看山势峻峭逶迤，层峦重叠尽绿，近看幽谷含春妩媚，奇峰姿态万千。而在一片群山起伏中，远处最高的一座山峰便是郁郁葱葱的八卦山。

八卦山是四面山的最高峰，冬季山峰积雪不断。因为从高空俯瞰形似一幅完整而巨大的八卦图，故得名八卦山。

站在八卦山上举目四望，看到的是周遭沉寂的森林，听到的是清澈的泉水跌落山谷发出的声响，被山峰撑起的蓝天上，时常会挂出一道彩虹，一头连着大山，一头伸向山外。

天气晴好时，站在八卦山上，在彩虹的尽头便可以遥看江津整个城区。城市的灯红酒绿、车水马龙与山林的宁谧清幽、亘古长青相辉映，让人不禁感慨再繁华的人类文明在自然面前也仅是沧海一粟，当繁华散尽，唯有青山碧水可以永恒。

在青堰人的眼中，八卦山仿佛一直蒙着一层美丽而神秘的面纱。而关于八卦山的种种传说，更让这座四面山的最高峰，充满了神话般的奇幻色彩。

在远古的传说中，八卦山本是太上老君的八卦炼丹炉，由于太上老君炼丹时昼夜不能停歇，因此山顶总是火光四射，炼好仙丹用一匹金毛马驮到瑶池，与众神仙分享。一日，来了一位南方道士，谓其弟子曰："此山有宝藏。"为此，他们召来了一些唯利是图者前来挖山。一天深夜，八卦山内一声巨响，有一匹金马驹从山中跳出，背上驮着两只盛满仙丹的金色箱子，早就守候在一旁的道士师徒奋力去捉，均被金马驹踏死在山坡上。金马驹腾空直奔灵霄而去，从此八卦山上的火光熄灭了，然而丹炉所留下的灵气与福泽，却聚集在八卦山之上，映照至周遭的山林，使得八卦山成为动植物生长的天堂。

而追溯历史的痕迹，八卦山的传说则更令人神往。由于八卦山是四面山的最高点，相传曾是武王伐纣时古巴国的点兵台，山的八卦造型也正是在那时形成。在这个古老的点兵台上，古巴国人受仙人指点，创造出了著名的巴渝舞。殷周战争以车战为主，而巴人却靠著名的巴渝舞成了决定战斗成败的步战力量。牧野之役参战者周公记录：巴师为步兵师，面对殷商装甲师却敢为先军，勇也。巴师藤盾匕首，前歌后舞，殷商大军完全不把他们放在眼里，像看热闹一般看巴师歌舞。当殷商军队反应过来时，巴师已至阵前。匕首对长矛，贴身肉搏，短兵器锐也，殷军步兵长戈无用，拖戈后逃。殷商军阵大乱，武王趁势率三军冲击，大获全胜也。

史书《华阳国志》记载："周武王伐纣……巴师勇锐，歌舞以凌殷人。"故曰：武王伐纣前戈后舞。至秦汉相争时，汉王朝再次将此舞用于战斗之中，在冲锋陷阵时"锐气喜舞，汉武帝善之曰：'此武王伐纣之歌舞也。'乃令乐人习学之，今所谓'巴渝舞'也。"从此"巴渝舞"之名开始在中国五千年的史书上正式出现。直到现在，依然在中国的舞蹈艺术史上占有重要的地位。

站在今天的八卦山上，青堰众多的飞瀑、丹霞、奇峰、密林等绝美风光，在沉寂了长长的岁月后，又一次尽收眼底。一条细若纤绳的公路，正悬挂在林立的山壁上，从远处盘旋着向青堰的方向延伸。在无数次春夏秋冬的枯荣轮回中，山间的植物换了一茬又一茬，青葱、枯黄、霜红、雪白等各种颜色不断交替，记录了时节的变换。但它们扎根的赤红色山体，却从未改变过颜色，大自然的鬼斧神工，随手就可以在岩石上画出许多惟妙惟肖的风景。

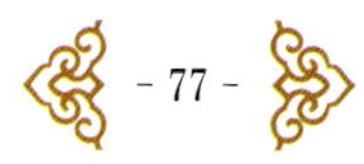

蝙蝠洞

用最和谐的方式与青堰这片山林共处，享受自然的馈赠，也最大化地守护自然原本的模样。那是罗正宇的信念，是作为一个青堰人与山林、与自然与生俱来的约定。

三月一个清晨的周末，罗正宇带着七个同伴，天不亮时便由重庆出发，驱车前往位于四面山深处的四屏镇青堰村。

罗正宇是多年的户外徒步爱好者，自从五年前一个偶然的机会接触到探洞这一充满惊奇和神秘的运动，便爱上了它而无法自拔。

探洞，也就是洞穴探险，是近些年新兴起的一项热门户外运动。探洞的过程能够最大化地满足人们的好奇心理，是一项富有刺激性的集科学、体育和旅游为一体的户外运动。探险的都是未经商业开发的原始洞穴，而这样的洞穴，最大的魅力就在于未知的发现——你永远不知道下一步会遇到什么，环境、景观、气候、不可预测的洞中生物，甚至是洞穴的长度和深度也会因为探索的深入而时刻变化着。

青堰的山是典型的喀斯特地貌，山林的深处，深藏着大大小小甚至连祖辈居住于此地的当地人也未曾尽知的岩洞。罗正宇他们此行的目的地，正是青堰深山中一处他曾经探索过的洞穴，因为洞中是蝙蝠的天堂，罗正宇叫它蝙蝠洞。

所探的洞穴，是人能进入的天然地下空间，越是不为人知、未经开发的洞穴，在探洞爱好者的眼中越是具有强大的魅力。随着商业性旅游开发的深入，国内原生态的天然洞穴已经越来越少，作为从青堰大山中走出去的孩子，罗正宇从接触到探洞这项活动时起，便想到了故乡青堰的岩洞。

经过将近四个小时的车程到达青堰，稍作休整后，罗正宇便带着队员进山。青堰大山深处多是未经开发的原始山林，在山间攀爬曾经是乡亲们生活中的一大障碍，而在携带了专业装备的队员们看来则是额外的意趣。经过一个半小时的攀爬，他们来到了一块不足十平方米的岩石平台，罗正宇走在最前方作为向导，蝙蝠洞的入口，就隐藏在眼前嶙峋的岩石之中。

在一块巨石的背后，山壁上出现了一个仅容一人弯腰而过的漆黑洞口。沁凉的风从洞口湍急流出，带着青苔和流水，带着古老而神秘的气息。洞口附近的地面上，散布着众多闪着晶光的碎石，那是蝙蝠洞给人们的第一个惊喜。随便捡起一块，对着正午的阳光，石块似乎变得隐约透明，好像在吸引着人们进洞探寻无尽的宝藏。罗正宇说，这样的石块，其实和当地的特产笋溪玉有着相同的成分，可以说是未经雕琢的璞石，它们遍布在青堰山间神秘的岩洞中。

其实在未曾接触到探洞活动之前，罗正宇在儿时的玩耍中和小伙伴曾一起无意中到过蝙蝠洞。然而那时因为一个祖辈相传的故事，他只在洞口徘徊嬉戏，并不敢进入洞穴深处。

在青堰，有山便有洞，有洞便有一个神奇的传说。在青堰祖辈相传的传说中，蝙蝠洞里曾经有一只会下金蛋的金鸭子，居住在洞穴深处的水塘里。每个农历十五月圆之夜，金鸭子都会在洞口不远处留下一个金蛋，由于蝙蝠洞位置偏僻，只有长年在山中辛勤劳动的村民才会发现，于是也只有他们才能捡到金鸭蛋。

后来，金鸭子的事情被镇上的一个恶霸得知了，他派爪牙霸占了蝙蝠洞，不准青堰的村民接近，只等每月十五收取金蛋。然而金鸭子好像是通灵性一般，

自从蝙蝠洞被恶霸强占，金鸭子每月下的金蛋就变成了石头。又是一个月圆之夜，恶霸亲自守在洞中，看着金鸭子慢慢从洞穴深处踱到洞口，俯下身子下了一个金蛋，映着从洞口射入的月华散发着诱人的金光。然而当他冲过来把金蛋握在手中的时候，金蛋刹那间就变成了一块冰冷的石头。

恶霸被激怒了，带人冲进蝙蝠洞想要抓住金鸭子。金鸭子一路向洞穴深处逃去，恶霸随之越追越深，眼看要抓住金鸭子时，眼前一片白光闪过，头顶的石笋纷纷落下，巨大的岩石滚落，堵死了通往洞口的路，将恶霸和爪牙们活埋在蝙蝠洞里。

从那以后，村民们再也没有看到过金鸭子，然而蝙蝠洞里有金鸭子的传说就这样流传下来。后来有人被传说吸引进洞寻找金鸭子，然而大多数在洞口就出现了各种意外无功而返。

在罗正宇看来，这样的民间传说其实是对蝙蝠洞和探洞人一种共同的保护。接触到洞穴探险活动后他才知道，探洞其实是一项存在着高风险的活动，结合了科学考察和户外探险的众多专业知识，不仅需要专业的装备，还必须在密切的团队配合下才能完成。没有专业知识的人单独进洞是一件很危险的事情。小时候，他们从不敢深入蝙蝠洞，正是这样的传说，用最朴素的方式保护着人们的安全。

除了保护探洞人的安全，这样的传说还在漫长的岁月里保护着洞里的自然资源。探索洞穴是一种对未知空间的探索，满足了人们与未知对话的好奇心。但洞中的景观和物品，小到一棵植物、一个石块，大到林立的石钟石笋，都是自然最原初最真实的样子，是这片大山最宝贵的财富，它们的形成需要漫长的岁月，而破坏却只在一瞬间。青堰人就是用传说，用他们最淳朴的情怀，守护着这片造物的杰作。

现代的科学活动和传说相呼应，让蝙蝠洞的探险具有了更加浓厚的别致趣味。

小心翼翼地进入蝙蝠洞，浅层的美景已经让人震惊。洞的上层残留着古老

而简陋的石台遗迹，在金鸭子的传说里，这里便是当初恶霸的驻扎地。然而罗正宇介绍，据说这里是由曾经的乡绅修建，用于在战乱中躲避战火，休养生息。

再往前走，便进入了钟乳石的世界，两边的石柱已经被洞口的风霜打磨得光滑，头顶悬挂着大小参差的石钟乳，随着空间的深入，从稀疏到茂盛延伸向远处。白日栖息的蝙蝠被不期而遇的人类脚步声惊起，扇动着翅膀惊惶地向洞穴深处飞窜，更是为蝙蝠洞增添了几分神秘的意味，吸引着人们向更深处探索。

继续前行，眼前便是内洞的竖井，垂直十余米通向下层洞系。打开光源，

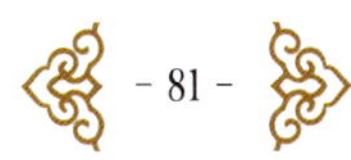

使用专业的装备进入下层，旁边的岩壁上，偶尔可见未知动物的骸骨，每当此时，罗正宇总会让探险队员们停下来，在心里默念一句祝福。

探洞的极致乐趣，便在于那份最大化的未知。经历过最纯粹的黑暗后，你可能是一幅史前壁画的欣赏者，也可能是洞穴新物种的发现者，它虽黑暗而神秘，却又同时充满诱惑和挑战，没有人知道踏下脚下的一步后，你将要面对的会是什么。

经过半个多小时的跋涉，队伍进入了下层岩洞，蝙蝠洞的美景随着光源的推进，一幕幕如画卷般打开在眼前。

脚下湿滑的洞底岩石上，布满了大大小小光滑的水洞。传说中，那是金鸭子所下的金蛋留下的痕迹，而罗正宇说，那是地下水从上方的竖井滴落，经历千百年，在漫长的岁月里水滴石穿，形成了独特的水蚀岩，无声地诉说着这片神秘空间曾经的过往。

在没有水和岩石的地方，洞内遍布着厚重的积尘，顺着地势走下去，从脚背到脚踝，从小腿到膝盖，慢慢没入松软的尘埃中，如同人被渐渐掩埋进岁月尘封的记忆。而眼前的地面，依然是一片白色的芒尘，让人不禁望而却步，不敢再探究竟。

撤步回到岩石之上，身边灯光所及之处，到处是各种形态的石灰岩。被滴水而穿的石岩，在灯光的照耀下竟然散发出通透的光泽，如同一个个水晶洞。在那一刻，你不禁感叹于自然的悠远与博大，仅仅是与脚下一块静默的熔岩相比，人类的一生也是如此的短暂。于是，便在一个瞬间里，忘记了名利，忘记了浮华，忘记了洞外的繁忙与纷争。

对溶岩洞而言，洞中形态各异的石灰岩，是探索的最大乐趣之一。每前行一步，岩石都在身边变幻出不同的景致，有的径自蔓延如同山间的云雾，有的簇拥着石笋如大树下丛生的蘑菇，有的如冰雪开出晶莹的花朵，有的如年轮，记载着自己漫长而静默的年华……

除却岩石之外，洞中各种潜藏的异形空间，也让探索的过程充满了惊喜。山石在重力的作用下，形成了各种大大小小的石缝与石洞，而溶洞中由石灰岩沉积所遍布的空间，更是这样“洞中洞”之间的宫殿：巨大的石钟乳撑起华表廊柱，垂吊的石针如同珠帘和帷幔，大片云雾般的石灰岩仿佛香炉中升腾的香气，让人好像穿越了时空，走向了神话的殿堂。直到此时，你才能真正体会到“别有洞天”四个字的生动含义，而这样的奇幻时空，也许在下一步的转角，你就会在不期然间与其相见。

继续向下行进，洞穴的底部是一汪清澈的水潭，据说便是当初金鸭子的栖息地。泉水漫过四周的岩壁，汇集成几道水流，注入深潭之中，形成了一道小小的瀑布。即使是在三月的早春将手探入潭水，温热的触感依然能够瞬间消除探索的疲惫。更令人惊奇的是，在这样的大山深处，潭中居然还游弋着一条条不足手指长的鱼儿，大概是因为经年不见阳光，遍体呈现出半透明的粉红色，罗正宇说，因为常年生活在黑暗中，当地人把这种鱼叫作盲鱼。

在水潭四周，遍布着通体晶莹的岩石，满地的晶光让人不禁联想到神秘的地下宝藏。罗正宇说，这里不乏笋溪玉的原石，然而在探洞的过程中，他们总会自发地遵守着那不成文的行规：尽量保持洞穴的原貌，除了发现的乐趣什么都不带走，自然的留给自然，洞穴的留给洞穴。

为了安全起见，这汪深潭便是罗正宇他们此行探索的终点。他说，深潭的水是活水，然而它的具体流向至今依然不得而知，那是大自然所保留的秘密。出洞之时，他一再地提醒队员收集好自己的垃圾，对自然最大的保护便是，不多什么，也不少什么，我来了，却好像我不曾来过。

罗正宇从事洞穴探险活动已经有五六年的时间，从当初一无所知的新手，到如今自己做领队，他走过了全国各地大大小小上百个洞穴。然而他最爱的，依然是青堰山中的这些岩洞，因为这片美丽的山水，因为这片原始的山林，更因为这方天地中淳朴的乡民对自然的敬畏与守护。

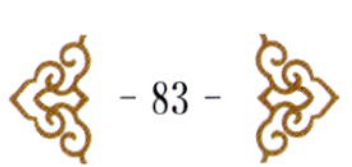

虽然几乎每个周末，他都会带队到青堰来探洞，平时自己也会花费时间，请当地人做向导，进山寻洞、探洞，然而他却一直坚持着自己的底线：为了方便对洞内行为进行规范，对队伍的人数他会做出严格的限制，根据洞穴的大小控制在十人之内；每个队员，除了签订免责协议之外，还必须签订洞穴保护协议，承诺保护洞内的一石一物；他从不在网上发布探洞的信息和图片，对洞穴的地址在出发前严格保密，甚至每个洞穴的名字，也都是临时重新取定。探洞之后，还会对洞口进行掩蔽，最大化地恢复自然的原貌。

作为一个青堰人，他从未想过要对洞穴进行开发，或是通过探洞获得什么经济上的收益，那是祖辈留传下来的流动在他血脉中最自然而然的习惯，用最和谐的方式与青堰这片山林共处，享受自然的馈赠，也最大化地守护自然原本的模样。他说，那是他的信念，是作为一个青堰人与山林、与自然与生俱来的约定。

笋溪玉

青堰人保护着笋溪玉的品牌，如同保护着自己的孩子，在他们看来，这种美丽的玉石不是商业化的产品，而是青堰山水自然的产物，是这片天地华彩绚丽的一部分。

圆润迷人的籽玉，表皮均匀的包浆上分布着细密的花瓣一样的斑纹，如桂花，像玫瑰，似鱼鳞，在灯光的照射下，由橘黄到艳红变幻着瑰丽的颜色，流光溢彩，花团锦簇，宛如一匹上等的织锦绸缎。这便是四面山特产的笋溪玉。笋溪玉质地细腻，温莹油润，光泽柔和，具有良好的可雕性和抛光性，只要充分利用皮料的巧色，就能雕制出一件富有高度艺术价值的工艺品。

笋溪玉出产于四面山北坡的笋溪河河谷中，是玉石中极其宝贵的溪河籽玉。由于四面山独特的地质特征，笋溪玉河磨天造，不仅表面花纹华丽，且油润度在玉中名列前茅，极品笋溪玉称为猪油玉，捏在手里，犹如捏着一块猪油，堪称润玉之王。其独特的富硒品质，对玉料有着天然的滋润，既使玉料更为通透，又使它极具养生价值。

如果说和田羊脂玉的出彩，在于其古朴典雅的洁白；田黄石的出彩，在于其华丽雍容的帝王黄；翡翠的出彩，在于其飘忽流动的那一抹翠青；那么笋溪

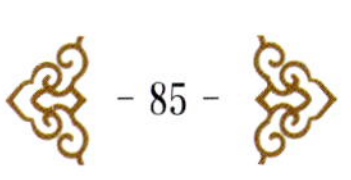

玉润、硒、靓、籽四美齐备，“内含硒元素，外披桂花衣”，天然丽质，是地球几亿年甚至十几亿年来地质活动的奇妙产物，自 21 世纪被发现和认定以来，这种独一无二的富硒美玉，迅速成为收藏界的新贵，身价一路攀升。

而早在笋溪玉的价值被现代人认定之前，地处渝川黔三地交界中心、川盐古道要塞之上的青堰人，早已发现了这种美玉，并通过古老的盐道将其销往大山之外的贵州等地。

青堰的老人们世代相传着许多关于笋溪玉的传说，而最知名的一段故事依然与女娲相关。相传女娲为了补天，在四面山的最高峰八卦山熔炼五彩灵石，炼出的五彩石具有灵性，五色流转如天上的云霞，大小形状更可随心而变，女娲用这样的灵石才能修补好天的缺口。一日炼石的过程中，女娲的一对双胞胎儿女在炼石炉附近游玩，不小心打翻了炉火，一块刚炼好的五彩石从炉中掉出，滚落到了山下的笋溪河中。兄妹二人马上下山，想要把遗失的灵石打捞上来，却发现灵石接触到凡间的河水，顿时变成了无数碎片，深深陷入笋溪河底的泥土中。

八卦山上，女娲补天补到最后，发现少了一块灵石，追问兄妹二人，才得知灵石掉落凡间，再也无法追回。为了弥补儿女的错误，女娲以自己的身体代替灵石，补上了天的最后一个漏洞，而当初掉落凡间的那块灵石，就深埋进笋溪河底，变成了今天的笋溪玉。为了纪念女娲，古时的青堰人就把这种玉石称为女娲石。

在漫长的岁月里，女娲石沉睡在笋溪河的河底，不为世人所知。而青堰人一直用一颗平常心，来看待这种偶然被河水冲刷而上，出现在山涧河谷的美丽石块。他们也会把这种玉石雕琢成雕件摆放在家中，或是做成饰物随身佩戴。直到青草集出现，往来商队川流不息，有一天，突然有一位贵州商人来到青草集，向当地人大量收购笋溪玉。

从那之后，青草集上不断有收购笋溪玉的外地客商出现，收购的数量也越

来越大。甚至还有人开出高价，请村民下河去挖玉。

青堰人对这些突然出现高价收玉的客商感到奇怪，便委托马帮尾随他们，一探究竟。在马帮的打探之下，真相很快浮出了水面。原来由于笋溪玉油润细腻，品相极佳，且都是河流冲刷而成的籽玉，便有商人用其冒充和田玉，带到贵州高价出售。

青堰人愤慨于这种奸诈的行为，一方面，他们觉得笋溪玉不是和田玉，不应冒充和田玉销售；另一方面，他们也觉得笋溪玉玉质精美，本身有不逊于和田玉的价值，不愿自己的宝玉就这样被湮没于和田玉的名声中。

从此，青堰人开始拒绝这些前来收购的客商，改为由马帮将笋溪玉带至贵州，光明正大地以笋溪玉之名销售。摆脱了假冒和田玉的桎梏，笋溪玉以其瑰丽迷人的外观、油润可人的质地，以及独一无二的养生价值很快受到了商户的青睐，成为贵州大户人家热衷的收藏品和装饰品。

近代以来，笋溪玉随着川黔盐道的没落暂时沉睡进笋溪河底。近年来，这一美玉的价值再次被人们认知，笋溪玉又迎来了新一轮的繁荣。这些在笋溪河底沉睡了亿万年的美玉，有的表皮布满未着色的桂花纹，极似线描花瓣；有的像猪油油润玲珑，令人垂涎；有的在阳光下遍体通红，如氤氲着荧光的玛瑙；有的肉质漆黑如墨，散发着神秘而幽深的光华；有的似冰糖一般晶莹剔透，清澈可爱；有的映着灯光透出旖旎的山水图案，任凭想象天马行空……而其中的冰玉更是笋溪玉中最罕见的品种，它像一汪水，似一块冰，有着白冰一般的澄净和玻璃一样的通透，是珠宝界一料难求的极品。

而青堰人依然如多年前一般，紧守着内心那道商业与良知的底线。他们保护着笋溪玉的品牌，如同保护着自己的孩子，在他们看来，这种美丽的玉石不是商业化的产品，而是青堰山水自然的产物，是这片天地华彩绚丽的一部分。以最纯净的心，才能收获最纯净的玉。那是青堰人坚持的信念，是他们自古以来从未改变的初心。

迎亲

山路曲折蜿蜒，如同人生的千回百转。吉庆的喜乐穿透层层丛林与岚霭传来，渐渐由远及近，迎亲的锣鼓清晰可闻，新娘家的门前沸腾了。迎亲是青堰婚俗中的重要环节。整个迎亲的过程，无不凸显着青堰人敬重先辈、孝敬父母的传统美德。

雨过天晴的夏末清晨，蜿蜒起伏的山路上，一队穿红着绿的队伍抬着箱笼从远处吹吹打打走来，一路走一路伴着唢呐和锣鼓的喜庆乐音，围观的人群一拥而上，孩子们争抢着从领队人手中拿到红包与糖果，每个人的脸上都是发自内心的笑意。

这是青堰一户普通人家迎亲的队伍，新郎和新娘都是村里人家的儿女。虽然各种创意百出的现代婚礼已经占据了城市的婚庆市场，然而在这大山深处，人们还是习惯于这样传统的婚俗，那种种看似繁复的仪式，让他们的每一个细胞都产生着最喜悦的共鸣，仿佛那样的幸福是从千百年的历史中流传而来，一眼望不到尽头，美满而悠长。

青堰婚俗发源于宋代，至明清时期渐渐定型。整个婚礼仪式遵循古风，融合了渝、川、黔三地风情，与重庆市级非物质文化遗产塘河婚俗有诸多相类之处，可以说是塘河婚俗的“精简版”。

村头，新娘杜琴家的门前，乡亲们正围坐成几桌，吃着新娘的出阁酒。从山脚到门前的岩石和树木上一路贴着大红喜字，紧闭的屋门内，新娘杜琴一身大红

色的喜服，小姐妹和叔娘姑母一边说笑，一边精心地为她整理着发型、妆容。新娘抿着嘴，胭脂衬托出的绯红脸庞上含着羞涩的笑。这一天，她将拜别养育了自己二十二年的父母家人，奔向一段全新的幸福人生。

同在青堰这片大山中生活，杜琴和新郎王子宽曾经是幼年的玩伴。当昔日的少年儿女长大成人，美好的情愫如同夏日山中的野花，在两人之间自然地生长。二十岁那年，两人确定了恋爱关系，经过一年多的相处，家人按照青堰的习俗，请来了媒人，为两人订下了婚事。

虽然现在婚姻自由，但青堰的风俗依然遵循着“父母之命，媒妁之言”的传统形式。青年男女定情之后，家人要为他们请媒人，举行订婚仪式，由媒人带着男方父母选良辰吉日到女方家，向女方所有长辈每人送上一份贺礼，再摆上酒请亲朋好友共同见证，一桩婚事就此确定下来。

从订婚到迎亲之间，男女双方要置办繁复的聘礼及嫁妆。除了礼金及现代的设施之外，一箱一笼，一桶一盆，皆遵从传统习俗的约定，既寓意新人婚后生活美满，又包含着对双方先祖、长辈的敬意。然后，一对新人便怀着白头到老的期盼，等待着婚礼到来的那一天。

山路曲折蜿蜒，如同人生的千回百转。吉庆的喜乐穿透层层丛林与岚霭传来，渐渐由远及近，迎亲的锣鼓清晰可闻，新娘家的门前沸腾了。

迎亲是青堰婚俗中的重要环节。整个迎亲的过程，无不凸显着青堰人敬重先辈、孝敬父母的传统美德。新姑爷王子宽在岳父的家门前下马，由媒人、司仪引导说着迎亲的吉祥话语。里间的房门终于打开，新娘杜琴在众人的簇拥中走出房门，堂屋里的红漆供桌上摆放着酒菜祭品，新娘的父母亲朋分列两侧，在这里，她要拜别祖先，辞别父母亲人，从此走进一个全新的家庭。

点燃新郎家送来的香烛，在纸钱的灰烬中辞别娘家的祖先，新娘在出门前，要先坐在堂屋中“踩斗”。香案旁的地上摆放着一个木匣，里面装着秤、剪刀、尺子、扣子、谷子，新娘在亲友的见证下双脚轻轻踩踏，从此人离开家，但把娘家的好运留下。“踩斗”之后，新娘手拿一捆筷子，越过肩头向身后抛去，筷子落在屋内，象征着新娘的衣食饭碗就还给了娘家。

叔娘拿起梳子，象征性地梳了梳新娘额前已经盘好的乌发。杜琴泪流满面，哭着拜别养育了自己二十余年的父母，又与陪伴自己从小到大的娘家亲人一一话别，堂屋内顿时一片呜咽之声，那缠绵悱恻的哭声，让在场的人都忍不住心酸。哭嫁是青堰自古的婚娶习俗，新娘临出门前，哭着告别父母亲人，哭的是对父母养育之恩的感激，是对亲人离别的不舍，是从此不能膝下尽孝的遗憾，是对自己少年时光的道别，是对双亲那一份放不开的牵挂与惦念……青堰女儿的孝与礼、德与情，都融进了哭嫁的哭声里。

由哥哥一路从堂屋背上花轿，新娘就此离开娘家。在兄嫂送嫁的陪伴下，迎娶的队伍一路走过山间，走过石林，走过梯田和泉水，走到了新郎的家门。跨过

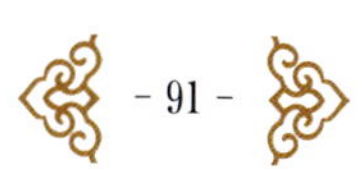

门槛，堂屋里拜堂的仪式已经准备就绪，拜过天地、父母、夫妻，迎娶的礼节至此完成，而此时，婚礼的另一场“大戏”刚刚开始，那就是盛大的婚宴。

青堰的婚宴称为筵席酒，一般在村里宽敞的坝子上举行。几十上百张桌子依次排开，专做筵席的大厨早就在片刻不停地忙碌着，一盘盘带着浓郁青堰特色的美食流水般地摆上了桌，一时间，香气飘过了竹林，飘过了山巅，飘过了云海，整个村子里都满溢着幸福的味道。

青堰婚宴上的菜色，以当地的各色特产为主，融合了渝、川、黔三地的风味，色香味俱全，令人食指大动。山林中的各种野味自然是筵席上不可缺少的主角，筋道多汁的荤子肉在青绿的蒜苗之间散发出诱人的香气，吃上一口，肉香浓郁，齿颊间满是纯粹的山野味道；二指见方的野猪肉伴着山里特有的泡椒烧得正是火候，泡椒直爽的酸辣和野猪肉粗犷的浓香混合着，让人顿感痛快淋漓；山间肥美的野生竹笋配上竹鼠肉的清香鲜嫩，鲜美中仿佛依然还保留着竹林的灵气；黄焖的野兔色泽金黄，肉块松软，在舌尖上跳动着麻辣的舞蹈……

尝遍了山林的美味，河鲜的香气便迫不及待地扑面而来。鲜香的山蟹炸得金黄香脆，吃的是那一份美味与意趣；肥美的虹鳟鱼经过甘洌的山泉水养育，肉鲜而味美，飘浮在黄绿色的农家酸菜、红艳艳的干海椒、绿油油的青花椒之间浓香的汤汁里；清蒸的鲟鱼从来不需要更多的修饰，撒一点酱油与葱丝，浓厚的鲜香便瞬间唤醒所有味蕾；麻辣可口、鲜香逼人的黄鳝与泥鳅带着巴渝特有的浓烈风情，在舌尖上爆炸开山川福泽最淳朴的香气。

如果说迎亲的仪式与礼节，是青堰人的孝与礼，是对生活的祝福与敬意，那么婚宴便是一场从味蕾开始的狂欢，情暖了，酒醉了，幸福的味道便从心底满溢出来，融进了山，融进了水，融进了亘古不变日升月落、生生不息的日子。一个新的家庭便是一份全新的希望，便是一段全新故事的开始。而古老的青堰，也就在这种幸福与希望的周而复始中，不断萌出新芽，长出新叶，奔向一段崭新的历史。

第四章　秋韵

山野

青堰人祖祖辈辈居于这片大山，山间的各种野味自然是舌尖上的爱物。那带着山林气息的最简单而淳朴的味道，才是山的味道，才是家的味道，才是青堰的味道。

当思念张开翅膀，带着我跋山涉水飞越大半个中国，一路回到坐落于四面山深处的青堰时，关于那片山林的所有记忆，总是和着少年的时光一起扑面而来，占据了我所有的记忆。

小时候，我家还住在当年的老屋，出了后门便是青堰的群山。青堰富有千百年的原始森林，古木苍莽，乱草离离，自然为众多飞禽走兽提供了绝佳的生长乐园。还记得儿时有时在山林中玩耍，总是能与它们不期而遇：有时是五彩的山鸡悠闲地在树荫下歇凉，躲避正午灼热的阳光；有时是顽皮的野猴敏捷地腾跃过树梢，摘取林间的果实；有时是惊慌的野兔飞快地钻进岩洞草丛，躲避猎人的追赶；有时甚至是一条斑斓的菜花蛇慵懒地睡在树上，被人的脚步声惊起，“啪”的一声掉落在树下的枯叶上……

1

童年的记忆里，老屋附近有一条小溪，终年流水潺潺，清澈见底，溪边长满

了酸枣树，每到秋天，那里便成为我和小伙伴们的天堂。

每年中秋刚过，酸枣树上就挂满了野生的小酸枣，不等熟透，孩子们便张开了稚嫩的手脚，开始争相采摘。个子小够不着的地方，便折一支竹竿去敲，或是捡起小石块扔向树上，然后在簌簌而落的酸枣雨中，争抢着拾取满地的酸枣，不管青红一颗颗丢进嘴里。

酸枣是青堰特产之一，金秋时节，大如小指肚，小如苞谷粒的酸枣一串串挂在枝头，如一粒粒娇艳的红玛瑙。成熟的酸枣酸甜可口，吃上几颗，生津润喉，开胃健脾，从小到大，青堰人一直用它做食材，制作酸枣露、酸枣粥、酸枣酱、酸枣酒等美食。除此之外，酸枣还具有很高的药用价值，是药食同源的养生佳品。酸枣仁不仅有养肝、安神、敛汗的功效，而且可以治疗体虚、盗汗等病症，可用于改善失眠健忘、阴血不足、心悸怔忡等症状，特别适合高血压、心脏病、神经衰弱、偏头痛患者以及久病体虚，或是需要减缓压力的亚健康人群服用。

早些年间，山中交通闭塞，请医看病不是一件容易的事。童年的记忆里，遇到我感冒，母亲就会摘上几把酸枣，或是抓上一把晒干了的枣子，煮成一碗热气腾腾的酸枣茶，让我趁热喝下去。然后盖上被子安稳地睡上一觉，顿时浑身轻松许多。

那个时候，青堰的日子是清贫的，一到秋天，母亲总会背上背篓，进山去采摘酸枣，晒干了卖钱给我做学费。而我对酸枣也有着一份特殊的感情，不仅因为它的美味，还因为，酸枣熟了，捕捉荤子的时间也就到了。

荤子学名叫作猪獾，这是我长大以后才知道的事。而小时的我，只知道那是山林中的一种野生动物，是童年记忆里山间难得的美味。

荤子浑身都是宝，獾油是治疗烫伤、烧伤、冻伤的良药，獾的肝和胆具有清热解毒的作用，獾爪泡酒可治神经衰弱、肾虚，獾骨可提取几丁质等紧缺的制药原料，而獾肉自然是首先便宜了我们这些半大的孩子。

荤子性情凶猛，又大多在夜间活动，因此平时并不易捕捉，而唯有酸枣成熟时是例外。荤子喜食酸枣，更能判断树上的酸枣是否成熟，只有在酸枣成熟时，它才会禁不住美食的诱惑，爬上树去偷吃酸枣，而此时便是一年中最容易捕捉的时候。小时候，父亲会在每年酸枣成熟时和猎户一起去捉荤子，而遇到周末，不安分的我也会缠着父亲要跟去一看究竟。

朦胧的月光下，猎户们在山林中的酸枣树下拉开大网，然后躲藏在隐蔽之处，等着荤子来“自投罗网”。如果有荤子爬上酸枣树，猎户们就一拥而上高声敲起携带的铜锣，荤子惊慌逃窜时，便会撞入猎户拉好的猎网中。那时候，我就会在一边盘算着，什么时候可以吃上美味的荤子肉。

和山中的很多野味一样，荤子肉要想做得好吃，在煮法上很有讲究。荤子肉纤维较粗，煮的时候一定要掌握好火候，既要把肉煮透，又要保持其筋道多汁的口感，另外最重要的是，要去除荤子身上特有的腥膻之气，香味才能纯粹地从肉中透出来。而母亲煮荤子的手艺一直为远近的乡亲们所称道。

拿到处理好的荤子肉，母亲总要先用水泡上几个小时，然后放入冷水冷锅内反复煮上两次，达到去血、去腥的目的，接着用小火慢慢地翻炒上二十分钟，细细地焙出肉里的獾油。这样处理过的荤子，已经没有了腥膻味，接下来，再加入葱、姜、蒜、白酒炖上两个小时以上，最后再起锅，放入香叶、花椒、辣椒、蒜苗等调料一起煸炒。荤子肉便在蒜苗的青绿中，散发出诱人的香气，吃在嘴里，筋道耐嚼，肉香浓郁，那是记忆中山林的味道。

2

和荤子一样被猎户们重视的还有野猪。野猪习性凶残，经常到田地里破坏庄稼，它们甚至并不怕人，夜里在地里偷吃玉米、红苕，村民们赶都赶不走它。

打野猪充满了危险，儿时的我自然是被禁止前往的，哪怕只是看热闹。然而每当有猎户们扛着野猪归来，年少好奇的我总会跑去，听大人们讲打野猪的过程。

据村里的老猎人说，猎人们打野猪都会事先找好逃命的路线，比如山洞、河流，否则如果没能一枪毙命，野猪发起狂来，不仅是人，连老虎都不敢接近。还有打

野猪一般都是打群猪，因为独猪都是公猪，体型比较大，性情也格外残暴，这样的野猪，即使是经验丰富的老猎人也不敢独自靠近。

在没有猎枪的年代里，打野猪的两件法宝就是夹子和猎狗。在野猪出没的山坳用小树挡出路来，把夹子下好，在路上做好标记，以免伤人，然后就等着野猪自己“上钩”。而最过瘾的莫过于集中猎捕，猎户们带着一群猎狗，穿行奔跑在山林中。猎狗速度极快，在前面搜寻，发现野猪就上前围堵，分工撕咬，让野猪无法逃脱。森林里，群狗蹿跃，哨声四起，这种场景，让所有的猎人为之热血沸腾。

由于野猪无法人工养殖，这些年数量已经非常稀少，因此被列入保护的名录。然而儿时那惊心动魄的打野猪的场景，依然深深留在我的记忆里。

3

除了麂子和野猪，竹牛也是我青堰味蕾上难忘的记忆。

青堰人所说的竹牛其实就是竹鼠，是啮齿目竹鼠科的通称，因主要吃竹子而得名。它体大肉多，味道鲜美，毛皮绒厚柔软，属于低脂肪、低胆固醇的上佳食品，具有极高的营养价值和药用价值。

如果说麂子和野猪要靠猎户的智慧和勇敢才能一饱口福，那么竹牛才是年少的我们生活中最现实的期待。青堰山间遍布着大片的竹林，儿时在林间经常能够看到这种毛茸茸的动物。

竹牛的吃法很多，无论红烧、清蒸、烧烤，都是让人着迷的美味。然而我最钟爱的，还是在秋雨绵绵的日子里，一家人围坐在火塘边，吃一锅热气腾腾的笋片竹牛干锅。

青堰山间野生的竹笋鲜嫩肥美，爽口宜人，一直是村民们喜爱的食材。据《本草纲目》记载，竹鼠肉“补中益气，解毒”，而笋片则具有益气、消渴、利水、消痰的功效，二者完美搭配，味道极为鲜美，还具有益气养阴、强身健体的功效，特别适合肺热咳嗽、劳伤虚损的患者食用。

每当妈妈烹制竹牛时，幼年的我总会寸步不离地守在旁边，仿佛错过哪怕一丝香气也是最大的遗憾。将清洗干净的竹牛肉切成小块，下锅高温爆炒，加入几块五花肉，竹牛带着一丝竹叶青涩的独有清香就和猪油浓厚的香气纠缠在一起，瞬间爆炸开来。炒至半熟后，放入茴香、丁香、甘松、陈皮、草果等香料，再加入食盐、白糖、酱油、生姜、香葱、辣椒与花椒，加一碗山泉水闷上一刻钟，然后就端到屋里早已燃起的火盆上，慢慢煨着。汁浓了，肉烂了，一家人的晚餐也吃到了最温情的时刻，孩子们早已按捺不住蠢蠢欲动的味蕾，迫不及待地挟起一筷子，竹牛的鲜和嫩，笋片的爽与脆，在麻辣中交汇成一场舌尖上的盛筵，鲜美中仿佛依然还保留着山间竹林的灵气，让人不禁惊诧于原来肉食也可以做出如此清新出尘的意味。

随着竹牛的美味逐渐被人熟知，如今青堰的村民已经开始饲养竹牛，并以此为食材开发出诸多精美的菜色，然而我最爱的依然是火塘上那一锅热气腾腾的竹牛干锅，最简单的味道，才是山的味道，才是家的味道，才是青堰的味道。

4

每次回到青堰，我都要在这片青山绿水中住上一段日子。一个秋日的凌晨，睡意蒙眬中，几声鸣叫远远地在暗夜里从山林深处传来，像孩童惊醒的啼声，又像猫儿呼朋引伴的絮语。那一刻，竟然有一种忍不住想要流泪的冲动——我没想到，在这个年代里，在离人类如此接近的地方还能再轻易地遇到它们——山林中的野鸡。

野鸡又称为山鸡，学名环颈雉，是国家二级保护动物，随着人类扩张的脚步，在野生资源日益匮乏的今天，数量已经极为稀少。而我庆幸，无论青堰如何变迁，它们依然在这里。

青堰人祖祖辈辈居于这片大山，山间的各种野味自然是舌尖上的爱物。然而自从幼年时起，父亲牵着我的手走在这片山林中，便会告诉我，生于山林，自然

要对山林、对这片山林中的生灵心存一份敬畏。

小时候，父亲曾给我讲过这样一个故事：一个猎户偶然间猎到了一只从未见过的动物，村里的老人劝他将动物放生，他考虑再三还是将它留了下来，养在了屋后的水井旁。然而没过几天，猎户就开始生起了怪病，浑身高热，夜不能寐，身上长起了鳞片一般的疹子，请医问药皆不见效。眼看着自己的病越来越重，猎户突然想起了养在屋后的那只动物，他让家人连夜将它放回山林，从此，病才开始一天天慢慢好了起来。

少年的我曾经天真地缠着父亲追问，猎户打到的那只动物究竟是什么，而猎户的病又和它到底有没有关系。父亲只是摸着我的头告诉我，世上总有些东西是我们不能碰的，人作为万物之灵，要知道有所为，有所不为。

多年之后，我想起父亲这句话，才终于真正懂得其中人对于万物、对于自然那种朴素而深邃的敬意。那是青堰人与自然的相处之道，是最淳朴的哲学。也正是因为这种有所为有所不为的平衡，现在的青堰才能有如此丰饶的物产，才能守住那份自然最珍贵的馈赠。

因为这种取舍，青堰人放弃了很多东西。小的时候，岩蛙曾是我们垂涎的美味。这种被国内外美食家誉为“百蛙之王”的动物，居于深山密林山涧旁潮湿的石洞内，终年在雾气中生活，只有黄昏时分，才从山涧石缝中的隐藏处爬出，沿山坡或沟谷草丛寻觅食物。将处理好的岩蛙放在用芹菜、胡萝卜、香菜等蔬菜煮成的水中腌制几个小时，用热油炸至定型，再加入泡淑、豆豉爆炒，那种鲜美与嫩滑足以成为一辈子的记忆。然而随着岩蛙数量的减少，早在岩蛙被列入保护动物名录之前，青堰人就已经停止了对它的捕捉，如今，在溪流涧边时常能够看到它们的身影，悠然得像生活在最后的桃源。

也是因为这种取舍，青堰人得到了更多东西。儿时，野鸡曾经是村民们过年宴客必不可少的美食，而现在，在青堰人的保护之下，野生的野鸡在这片山林中找到了自己的天堂，村民也靠人工繁育、饲养野鸡获得了更大的收益。

野鸡肉钙、磷、铁含量丰富，且富含蛋白质、氨基酸，是野味中的名贵之品。将野鸡肉和山间特产的菌菇一起，用砂锅细火慢慢炖着，调料在这样的鲜香下已经是多余，只需要加入一点点盐，舌尖上便是最纯粹和鲜美的滋味。

这个时候，年少的我总会贪婪地期望着再有一只野兔，那就是世间最幸福的事。飞禽莫如鸪，走兽莫如兔，说的便是野兔的营养与美味。野兔肉质细嫩、醇香，素来被称为“美容肉”“保健肉”，而且因为数量多，繁殖快，每个青堰人的味蕾上，都曾留有关于野兔的记忆。

当我少小离家，踏上异乡求学、工作的旅程，每次离家的前夜，母亲总会烧上一盘黄焖野兔。将兔肉用清泉水泡上个把小时，用白酒去掉野腥味，放入油锅略微翻炒，再将盐、酱油、冰糖、葱、姜等佐料和肉汤一起下锅烧沸，小火焖烧两小时，烧出的兔肉色泽棕黄，香味浓郁，肉块松软，那故乡熟悉的山间野味的记忆，哪怕在最艰难动荡的漂泊里，也总能恰到好处地抚平我淡淡的离愁。

而在那样离别的灯光下，母亲总会默默往我的行囊中塞上一把拐枣。这种棕灰色的、弯弯曲曲的棒状植物，由于形态好像万字符“卍”，所以也被称为万寿果。每当深秋拐枣成熟之时，只要用力摇一下树，拐枣就会像雨点一样落下来，敲打着我关于童年和家乡的记忆。拐枣的果实极甜，是村里孩子们的“糖果树”。长大后，我也会和父亲在家乡的火塘前对坐，喝上一杯自家浸制的“拐枣酒”。父亲腿脚不好，母亲经常给他泡“拐枣酒”来治疗风湿症，喝着那甘醇深厚的“拐枣酒”，我突然感到，我大了，而父母老了……

然而在母亲的眼中，我依然是那个永远长不大的孩子，每次离别时，父亲也依然一遍又一遍地叮嘱她把各种特产塞满我的背包。当我在异乡打开行囊，看到家乡那丰饶的特产，便仿佛又置身那一方青山碧水，始知，青堰一直在我的心里，未曾远离。

福泽

一方山水，一方风情，一方舌尖上的滋味。这些年，无论走到哪里，青堰的山川福泽依然带着那特有的麻辣鲜香时常萦绕在梦境里，指引着我回家的路。于是，我就在那种未经修饰的淳朴味道里，一次次的梦回故乡，梦回青堰。

故乡青堰，位于四面山腹地的云烟深处，苍峰接云，林荫似盖，幽谷深壑，溪流潺湲。而我最爱的，便是青堰的各种水泽，有泉，有溪，有湖，有瀑，纳天地百川之灵气，有水之处，便有自然丰饶而慷慨的馈赠。

青堰多物产，在我记忆中最深刻的便是溪流涧边的山蟹。

山蟹，又名爬海，因生于山涧河流而得名，体形细小，体色多与栖息地颜色相近。山蟹肉质细嫩，富含蛋白质、脂肪、钙、磷、铁及维生素 A、核黄素等营养成分，更有清热散血功能，治疗跌打损伤有奇效，在民间自古被视为接骨良药。儿时的记忆中，村民们时常是整篓地捉来，盛在腹大口小的瓷瓶里，放上盐巴、葱蒜、辣椒、姜片，再灌上米酒。过上十天半月，启开瓶口，一阵醇香便迫不及待地冒出来，配上几块新鲜的仔姜，但见洁白的瓷盘内，粉红的仔姜簇拥着晶莹透明的蟹肉，不禁让人食指大动。

儿时，捕蟹曾是我和妹妹最热衷的游戏。老屋附近溪涧众多，出门就可以捉到山蟹，捞到鱼虾。妹妹小我三岁，生性胆怯文弱，总是尾随我，趁大人不注意，我就带她溜出门，到山间的溪涧里捕捉山蟹。

黄昏时分，正是山蟹外出觅食的时间，溪水清澈透明，山蟹就躲在一块块错落的山石底下，只要轻轻地翻动石头，就能看到铜钱大小的螃蟹蛰伏着，用手按住蟹壳，任其怎么张大螯钳，也不会伤及自己，然后小心翼翼地丢进背篓，传出一阵窸窸窣窣的声响。尽管少年的我们不敢走远，依然能有可观的收获。而将山蟹拿回家，妈妈总会一边责备着，一边接过我们手中的背篓，将山蟹清洗好，倒进锅里的热油中，不多时，一盘金黄香脆的油炸山蟹便端上了桌。这时爸爸会倒上一杯高粱酒，夹上两只山蟹，抿一口酒，含着笑看我和妹妹争抢那些美味。多年以后，我成了家，有了自己的一双儿女，才懂得父亲的那种笑其实叫作幸福。一壶酒，一盘蟹，二三好友，儿女膝下，所谓幸福与悠然，有时不过如此简单。

自中秋后的第一个露水夜开始，雌蟹黄饱待卵，公蟹膏腴硕壮，正是捕蟹的好时机。捕蟹的方法很多，最常用的是钓和醉。钓蟹很简单，用一根细竹枝，一头绑上一条死泥鳅，将竹枝伸入水底的石缝里。山蟹嗅到气味，便迫不及待地从石洞里爬出，用身前那对虎钳死死抱住诱饵，这时只要轻轻扯动竹枝，山蟹便一步步跟随出来。醉蟹更有意趣，用酒糟和泥巴搅拌在一起，团成小团置放在山蟹经常出入的浅水中。酒香随着水的流动四处弥漫，山蟹耐不住诱惑，从各自的洞穴里探出头来聚在一起，很快便不胜酒力，横七竖八沉入梦乡，这时便可尽情伸手去捕捉。

山蟹的吃法很多，或和着青堰特产的竹笋慢慢炖煮，或在小灶慢火上煲成一碗软糯的香粥，然而我最爱的，还是最简单的油炸山蟹。执一碟山蟹，坐在竹林叶下，暖上一壶好酒，哪有不醉之理。有蟹有酒又有诗，才真叫作“人生”。

如果说山蟹代表着青堰的山水田园、诗酒人生，那么，双子湖内那些高山冷水鱼，则是青堰今天一场华丽的饕餮盛筵。青堰海拔 1100 余米，四季分明，水源澄澈，特别适合各种高山冷水鱼种的生存与繁育。随着与外界的交流沟通日益频繁，青堰人开始利用这一方珍贵的水土，在双子湖内饲养起各种珍稀的高山冷水鱼，虹鳟、俄罗斯鲟、裸重唇鱼，经过甘洌的山泉水养育，肉鲜而味美，形成另一种别致的青堰味道。

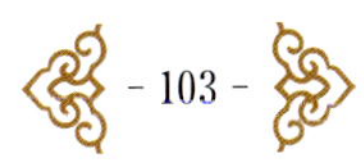

五年前，我带着几位深圳友人回到青堰，第一次在小叔家里尝到了这些鲜美的水产。

肥美的虹鳟鱼，整条放在燃着炭火的铁架上，随着火焰的升腾，香味慢慢飘散，不时有一点油脂落入通红的炭火之中，发出滋滋的诱人声响。在烤制的过程中，不断加入辣椒、花椒等调料，二十分钟后，一条带着山林湖泽原始气息的虹鳟鱼就烤好了。夹上一筷子，鱼皮浓香焦脆，齿颊留香；鱼肉鲜嫩细腻，蘸上小叔为我们特别调制的酱汁，吃上一口，便再也停不下来。

小叔是土生土长的青堰人，和村里的很多乡亲一样，靠着这方山水，养活一双儿女走出大山，读完大学，走进都市。儿女走了，家也渐渐冷清下来，闲不住的小叔便开始饲养各种水产品。虹鳟、俄罗斯鲟、裸重唇鱼等高山冷水鱼类，养殖条件极为苛刻，青堰四季分明的宜人气候及原生态无污染的水土资源却极为适合它们生长。忙碌的日子里，小叔重新找到了生活的趣味，往来青堰的游客对小叔家的菜品赞不绝口，而当儿女们拖家带口、呼朋引伴从山外归来，带上两瓶好酒与父亲围炉品鱼，那便是小叔最幸福的事。儿女总要长大，日子总要一天天往前过着，而青堰的日子总是充满全新的希望。

带着这样的希望，青堰人把日子过出了不同的滋味。一条虹鳟鱼在青堰人的手中，可以烧烤，可以红烧，可以清蒸，还有结合了巴渝传统风味的水煮虹鳟鱼。黄绿色的农家酸菜漂浮在滚烫的水中，和红艳艳的干海椒相映成趣，再配上当地特产的青花椒，粉红的虹鳟鱼片就在这样浓艳的汤汁里暗香浮动，品上一片，嫩滑的口感里是麻辣鲜香酸俱全的诱人滋味。

而像俄罗斯鲟，最佳的做法还属清蒸，最大限度地保留鱼本身的味道和营养，方不算辜负。

鲟鱼味美，营养价值更高，在古代已作药用。《本草纲目·鳇鱼》在“鲟鱼”条下引述云：“其肉补虚益气，强身健体，煮汁饮，治血淋；其鼻肉作脯补虚下气；其籽如小豆，食之健美，杀腹内小虫。”而据中国科学院海洋所检测，鲟鱼的肌肉中含有十多种人体必需的氨基酸，脂肪中含有 12.5% 的 DHA 和 EPA，对软化心脑血管、促进大脑发育、预防老年痴呆具有良好的功效，软骨和骨髓中有抗癌因子，因此在民间素有“鲨鱼翅，鲟鱼骨”的说法。

取一条鲟鱼，用刀轻刮鱼身，就能把鱼身上的黏液都去掉，然后在鱼身上割口，用几瓣蒜、一片姜和一点葱花放在碗里捣碎，均匀涂抹在鱼身上，腌上片刻，沥去汤汁，上笼蒸上十分钟，出锅时淋上几滴酱油和爆好的热花椒油，撒上葱丝，无须更多修饰，浓厚的鲜香便瞬间唤醒人所有的味蕾。

有酒有宴，自然便少不了鳝鱼和泥鳅。无论幼年还是现在，在青堰山间的池塘水岸、田间地头都经常能看到捕捉鳝鱼和泥鳅的村民，而若是谁家来了远客，餐桌上更是少不了这样的美味。

黄鳝和泥鳅都只生活在天然无污染的水里，青堰纯净的山水自然成了它们的天堂。童年的记忆里，孩子们经常取一个竹笼，笼里装上几条蚯蚓，在傍晚时分把竹笼放在梯田、水沟、鱼塘里，黄鳝、泥鳅闻到蚯蚓的味道就会钻进来，第二天早上取出竹笼，总能有喜人的收获。

青堰人喜食黄鳝、泥鳅，不仅因为它们肉质细腻鲜美，还包含着朴素的养生经验。黄鳝和泥鳅营养丰富，特别对于大病初愈的人来说更是绝佳的滋补食材。小时候，每当我生病时，妈妈总会让爸爸去捉上几条黄鳝，和着细细的姜丝煮成一碗软糯的鳝鱼粥，因为有了那样的美味，于是，在我幼小的心灵中，连生病仿佛也成为一件幸福的事。

而幼时的我更盼望的，便是家里来客人，因为那时总能吃到妈妈烹制的麻辣黄鳝。作为土生土长的青堰人，妈妈处理鳝鱼的手法甚是娴熟，把鲜活的鳝鱼放在木板上，用刀一划，剥去内脏清洗干净，切成一寸多长的小段，热腾腾的油锅里放入生姜、大蒜、葱白炒出香味，将鳝段放入其中煸炒，加上白酒、花椒、辣椒、盐，再加一点水稍煮片刻，淋上麻油，一盘麻辣可口、鲜香逼人的麻辣黄鳝便端上了桌。而泥鳅和泡椒似乎天生是最好的搭配，泡椒独有的酸辣恰到好处地中和了泥鳅的些许土腥气，剩下的便是鱼肉最纯粹的鲜香美味。

一方山水，一方风情，一方舌尖上的滋味。这些年，无论走到哪里，青堰的山川福泽依然带着那特有的麻辣鲜香时常萦绕在梦境里，指引着我回家的路。于是，我就在那种未经修饰的淳朴的味道里，一次次地梦回故乡，梦回青堰。

腊味

当青堰随处可见的简单食材与腊肉相遇，仅仅用少量的油爆炒，便把蔬菜的清香和腊肉的醇厚混合着发挥到了极致，吃在嘴里，每一口都是那片山林最原初的味道。

小的时候，经常会指着家乡的那座山问妈妈：山的那边是什么？妈妈说：那是外面的世界。长大后，我离开了这座山，去到了外面的世界，然后才发现，外面的世界虽然精彩，但我向往的依旧是山的另一边，那个有着青山绿水、烟熏腊肉，还有爹妈唠叨的家。

读书离家至今已在外漂泊多年，吃饭的口味与习惯早已被如今生活的北京所同化，慢慢地也把自己活成了北京人的模样。每每母亲电话里唠起家常，偶尔说出的一两句不常用的老家方言都让我反应不过来，许是离家久了，许是太久不说了，许是……尽管已离家多年，淡漠了许多的人和事，但是对老家的腊肉却始终怀有一份情怀，无法忘怀亦难以割舍。

每当时间的钟摆进入腊月，眼前总会浮现出父母忙碌着腌制腊肉的情景，那一盘蒜苗炒腊肉总是让人恋恋不舍，从小到大永远都不会腻。许多年以后才懂得，或许腊肉对我来说不止是味蕾的满足，更是萦绕在梦里的父母亲情，承载着我对家乡的一份情怀。

无腊肉，不成席

地处重庆西南部江津区四屏镇的青堰村，四面高山环绕，村民们散居山间，或依山或傍水，民风最为淳朴，过节的气氛也最为浓郁。而在老家过年，是不能没有腊肉的，家乡的餐桌上，腊肉是主菜，没有腊肉便不成宴席。

儿时最期待腊月，“大人想挣钱，细娃儿想过年”，而对于我，不管是期待腊月还是喜欢过年，都不过是为了那一口腊肉罢了。腊月一到，家家杀年猪，户户腌腊肉，这仿佛成了比过年还要神圣的一件事情，没有腊肉则不成年。腊肉之所以称为腊肉，有一层意思就是专门在腊月里吃的肉，代表着对过去一年丰收的喜悦庆祝，也代表着大家对新的一年的向往与美好祈愿。它既是川渝地区的文化符号，也为生活增添了浓浓的情致与韵味。

青堰的传统腊肉，制作程序相当复杂，每年制作腊肉都是从父亲宰杀喂肥的年猪开始，父亲按部位将猪肉切割成小块，母亲将自己种植的花椒、八角、桂皮、香叶等各种香料混合在一起煸炒，碾成粉末，加入细盐一起细致地涂抹在切好的猪肉上面。涂抹均匀后，母亲会将肉一块块地装在提前准备好的木桶或大盆里腌制几天，让其入味。等腌制得差不多时，再将肉取出，在每一块肉的一端穿孔，用棕树叶搓成的绳子挂起来晾干水分，接着就是制作腊肉最后的一个环节：熏烤。

正宗的青堰腊肉是必须要用柏树叶熏烤的，青堰地处重庆、四川、贵州三省交界处的四面山腹地，一年四季绿树长青。自然生长的柏树坚毅挺拔，树脂丰富清香，那浓郁且绵长的香气用来熏制腊肉是最合适不过的了。

记得小时候，知道家里要熏制腊肉，我总是自告奋勇地和爸爸一起上山砍柏树枝，抓起一把镰刀就往山上跑，看到柏树就砍，还没等身后的爸爸说出一句“慢点”，一个不小心镰刀就砍在了手背上。妈妈心痛极了，一边责怪爸爸一边用白酒帮我消毒，嘴里说：“今年的腊肉一定让娃儿多吃些。”本来还在哭哭啼啼的我，

一听可以多吃腊肉，瞬间忘记了痛，问妈妈："我可以都吃完不？"旁边着急的爸爸被我一句话瞬间逗笑了说："这么多的肉，你能吃完吗？我看你是吃到娶媳妇都怕是吃不完哟。"然而今天，我走进了都市，求学打拼，娶妻生子，才发现当年的笑言早已被淹没在时间里，有些味道，更多的时候只能在梦里才能回味追忆。

在青堰老家，几乎家家户户都有一个用来熏肉的火塘，四四方方的，用石头堆砌而成。父亲将用棕树叶串好的腊肉挂在火塘的上方，火塘里放入刚砍好的柏树枝丫进行熏烤。熏烤也有技巧，柏树枝不能起明火，父亲要在一旁时刻压制火焰，只用底火烤出柏树枝的烟雾来进行腊肉的熏制。这个时候如果再丢进去几块橘皮、果壳便是最好的了。熏制好的腊肉被一块块地悬挂在家中的房檐下、灶头上，旷日持久的熏烤日晒让鲜肉失去了原有的鲜嫩，外表逐渐变得黑亮，肉质也变得紧致，远远地就可以闻到一股香辣味儿。家家户户，一排排悬挂的腊肉成了故乡一道独特的风景，如今远在北方的我也只能在回忆中找寻那儿时的场景了。

从腊肉被悬挂在屋檐下开始，每一日我都会问妈妈，腊肉什么时候可以吃，妈妈总会说等几天就可以了，可是年少的我总是在想，等几天到底是几天呢？经不住我一天天的念叨，腊肉风干到差不多的时候，妈妈便让爸爸取一块下来美其名曰试成色，其实也有为我解馋之意。刮去腊肉表层的焦煳，切成薄片，瘦肉红润，膘肥通透，配上几根蒜苗，一盘蒜苗炒腊肉总是让我吃得忘乎所以。

山之味

经过风干，鲜肉脱水，大部分的蛋白质得以保存，这样就塑造出了鲜肉无法比拟的醇厚味道。具有特别的烟熏香味的油浸浸的腊肉总是会让人食欲大振。在青堰，腊肉是一道"硬菜"，而腊肉的种类也绝不只是腊猪肉一种，腊猪蹄、腊排骨、腊香肠、腊鸡、腊鸭、腊兔……独特的制作工艺下，青堰的乡亲们似乎可以把任意一种食材都变成腊肉，每一样都可以单独做出一道菜，每一样都让人欲罢不能。

不论是煮腊肉还是吃腊肉都是一件十分惬意的事情。青堰腊肉的美味，不仅

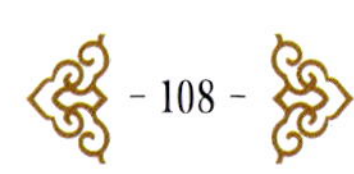

源于制作，还源于山民最淳朴而细腻的烹制方式。每次吃腊肉，妈妈都会早早开始忙碌，先从挂绳上取下腊肉，然后用滚烫的开水浸泡，再用刀子刮去表层的焦煳，慢慢地用水清洗，直至把腊肉洗得白里透红，丢进锅里开始蒸煮，当锅上冒出热气的时候，浓浓的腊肉香也就飘散出来，满屋子弥漫，甚至飘出窗子，飞出屋外。

与都市中充满了各种现代调味品的菜色不同，在漫长而细致的食材处理之后，青堰腊肉的烹制，总是用最原生态的方式来完成。腊肉可以单蒸，不需要任何调味品的修饰，洗干净后放入盘中，盘底放一些干豆角或是土豆、红薯用来吸油，这样蒸出来的腊肉毫不油腻，吃起来肉香也格外浓郁；腊肉还是百搭的肉，不论与任何一种蔬菜搭配都可以独成一道风味，腊肉炒冬笋，小炒腊肉、腊肉炒萝卜干……当青堰随处可见的简单食材与腊肉相遇，仅仅用少量的油爆炒，便把蔬菜的清香和腊肉的醇厚混合着发挥到了极致，吃在嘴里，每一口都是那片山林最原初的味道，让人暂时忘却都市的忙碌、生活的压力与世事的纷扰。

当然，我最爱的还是妈妈炒的那一盘蒜苗炒腊肉。新年除夕夜，全家围坐在火塘旁，大碗喝酒，大口吃肉，在美食中告别去年，也在美食中迎来新年。母亲总是在一旁笑眯眯地看着我们大口吃着她做的腊肉，仿佛一年的辛苦只为这一顿有腊肉的年夜饭罢了。母亲说，那是她一年中最开心的时刻。夹起一块香喷喷的腊肉，嚼在嘴里，暖在心上。除夕夜的团年饭桌上散发着的是农家最质朴的味道，屋子里弥漫着的是浓浓的亲情。

青堰火塘熏制的腊肉，久藏不朽，腊香味美，是自食更是待客的美味佳肴。离家之后，我也品尝过各种各样的腊肉，但最终都没有像青堰的腊肉那样能够挑动我的味蕾。青堰的腊肉，瘦肉筋道，肥肉半透明且不腻，每一口都让人回味犹甘。之所以好吃，除了青堰土生土长的柏树枝的熏烤、原生态的制作工艺，大概还有猪肉的优良品质。青堰独有的富硒水土，农户养猪喂的是五谷杂粮，吃的是山间自然生长的野菜，喝的是林间甘洌的清泉，肉质自然纯正，制作的腊肉味道也格外鲜美。

孔子在《论语》中说："自行束脩以上，吾未尝无诲焉。""束脩"即指腊肉，意为：只要自愿拿着十余块干肉为礼来见我的人，我从来没有不给他教诲的。可见，在春秋时，腊肉就已经成了敬师的贽礼。甚至连慈禧在吃到腊肉时都不免赞叹，连说两个"好吃"，附带一句"美味在人间"。

一份滋味，一种情怀

小时候日子清苦，腊肉大概也是一年中最为金贵的食物，很多时候只有家中

来了客人或者遇到重大节日才可以吃到。而如今，老家的人们再也不会为吃肉而发愁，但是过年杀猪腌制腊肉的习俗依旧保留着。柏树一年一年地生长，腊肉一年一年地熏制，火塘还在，爸妈还在，只是年少那个馋肉的人儿早已离家奔赴前程。

腊肉，将家里的所有欢笑、哀愁，开心的不开心的事情，慢慢吸收干净，随着柏树枝燃烧的烟火一起尘封其中。而腊肉也被离家的游子带出大山，带到外面的世界。离家前母亲打包的行囊中必定有她塞进去的腊肉，随着我翻山过河，离开青堰，经过镇子，路过主城，上汽车，上火车，去到遥远的首都。似乎有腊肉在就不算去了远方，可是腊肉总会吃完，想家也总在时时刻刻。

一份腊肉，里面有山的味道、火的味道、柏树的味道、时间的味道，也有爸妈亲情的味道。有人曾说：腊味是把漫长的时光中，人的乡情、亲情、念旧、勤俭、坚忍等情感和新年都混合在了一起。一个人的口味偏好，时间久了自然就成为一种习惯；一个地方的饮食特色，沉淀下来，便会形成一种美食文化。对于我而言，老家青堰的腊肉，那滋味早已深深浸入了我的心灵，不论离家多远多久，闭上眼睛都能回忆起那种味道，带有家乡的印记。一辈子不管走得有多远，爸妈做的饭菜永远让人回味无穷，是最难忘的、更是最惦念的美食。

想家的时候，没有什么能比吃上一口老家的腊肉更让人心胃服帖的了，尽管制造腊肉的初衷是为了储存肉类，但是如今，腊肉给予我们的不仅是一种大自然的味道，更是远方游子思乡的慰藉。

正如《舌尖上的中国》里所说的一般：这是盐的味道，山的味道，风的味道，阳光的味道，人情的味道，这些味道，才下舌尖，又上心尖，让我们分不清哪一种是滋味，哪一种又是情怀。世界那么大，都想去看看。一辈子值得我们去一次的地方永远是远方，而随时随地永永远远又都可以回去的地方才是家乡。

泉水叮咚

农家自种的花椒配上猪油、青椒调上一叠蘸料，夹一筷子豆花蘸一下油碟，豆花入口即化，绵而不老，嫩而不溏。蘸料的麻辣鲜香在嘴里绽放，挑动着舌尖的每一个味蕾。

睹物思亲常入梦，训言在耳犹记心。在快节奏的都市生活中，每一个日出清晨，每一个日落黄昏，总是让我格外想念青堰的泉水豆花。远方的一碗豆花饭如今化作了一缕乡愁萦绕在心头，吃上一口，才能解忧，那才是家的味道，我怀念的味道。

江津四屏青堰，我从小生长的地方，距离重庆主城 154 公里，开车只有三四个小时的路程，但是从十九岁离家到重庆读书开始，这 154 公里就成了我魂牵梦萦的回家之路。

或许每个人的童年都有一段在老家的时光，在我诸多的童年记忆中，那段记忆总是与奶奶有关。夏天奶奶手里的蒲扇，睡前奶奶讲的故事，晚饭时回荡在村头的奶奶的呼喊“幺妹，回家吃饭咯”，还有每次听得耳朵起茧子的奶奶的唠叨，串成了我五彩的童年。然而其中，最让我怀念的却是奶奶做的一碗豆花。

豆花在重庆并不罕见，来重庆后每年也都会吃无数碗豆花，可是始终吃不出家的味道。青堰那碗雪白的豆花，夏天甜豆花，秋天沾水豆花，配上一碟用九叶花椒和腊猪油调配的香辣油碟，那是儿时最难忘的记忆。

记忆中的奶奶已是五十多岁的年纪，大家都说奶奶年轻的时候很漂亮，做得一手好豆花，是远近闻名的豆花西施。奶奶靠豆花这门手艺养活了全家，养活了爸爸，甚至后来又靠豆花来养活我。

“胡豆开花菜籽黄，城巴佬下乡来赶场，鸡蛋鸭蛋嘿实买，还要扯把鹅儿肠……”在奶奶家的时间里，最开心的事情除了吃豆花，还有就是赶场。儿时赶场的记忆中，没有熙熙攘攘的人群，只有奶奶肩上的豆花担子以及紧紧牵着我的手。

每一个赶场天，奶奶都要很早很早起床。天还没亮，鸡还没叫，我还没醒，而奶奶早已开始了忙碌。无论刮风下雨，风吹日晒，奶奶都要早早起床做好豆花，然后把我从梦中叫醒，吃上一碗热气腾腾的豆花饭，然后左手牵着我，右肩挑着豆花担子，去到镇子上赶场卖豆花。而幼小的我总是蹲在担子后面，看着奶奶划出一块块白生生的豆花，和着汁水倒进买家的钵盆中，那个时候，经常会伴着对方的几句称赞。奶奶做豆花的手艺一直远近闻名，所以她做的豆花总是比别人家先卖完。

石磨豆花是川渝一带常见的小吃，用最为原始的石磨把黄豆细细磨好，然后以山间的泉水烹制，再调配一叠香辣油碟，那味道“巴适得很”。豆花的制作工艺大致相同，然而不同的黄豆配以不同的泉水再加之不同的油碟调配，又会是完全不一样的味道。在江津乃至重庆最有名的当属四屏豆花，是青堰老家每家每户待客的必备菜品，制作豆花的黄豆、泉水甚至调配油碟的花椒以及猪油都是当地独特的秘方。小的时候，我曾经以为全世界的豆花都只有奶奶做的一种味道，长大后才发现豆花相同，味道却不同，记忆中的味道最是让人怀念。

青堰的泉水豆花以当地种植的黄豆为原料，青堰平均海拔 1100 多米，温度

较市区偏低。黄豆是短日照作物，要求较短的光照时间，四屏地区潮湿多雨，植被密集，独特的自然环境让这里生长出的黄豆香味浓郁且颗粒饱满。再加上青堰的山泉清冽甘甜，用这样的泉水来制作，让青堰豆花具有一份独一无二的别致清香。

小时候的每一个赶场天，奶奶总会提前一天开始忙碌，从一袋袋的黄豆中挑选出颗粒最为饱满的优质豆子，还要精心挑拣出黄豆中掺杂的沙子、石块以及其他的杂质。此时的我总是会搬个板凳坐在旁边看奶奶挑选黄豆，而奶奶也丝毫不放过任何一个“唠叨”的机会。奶奶说，豆粒饱满完整，个头大，金黄色的黄豆最为优质，做出的豆花也最为好吃；奶奶说，挑黄豆要一颗颗认认真真地去选，不能马虎，有一粒是坏的就会破坏整锅豆花的口感；奶奶说，做人也要跟做豆花一样，认真做好每一点一滴，应付别人，其实就是应付自己……奶奶没念多少书，讲不出什么大道理，可是在众多的道理中，唯有奶奶的“唠叨”让我记忆最深，它来源于生活又融入生活。

秉持着这样朴素的哲理，奶奶总是要花很长的时间挑选出刚好做一锅豆花的豆子，每一粒都不会马虎。豆子挑选好之后，就会牵着我的手，去村头的双胞胎泉挑上满满的一担泉水用来泡黄豆。记忆中挑水的奶奶，背越来越弯，步子越走越慢，而水也越担越少……

经过一夜的泉水浸泡，饱满的黄豆浸泡得刚刚好，每一粒豆子都吐出一点点小泡泡，奶奶说，那是黄豆在呼吸。奶奶佝偻着背将浸泡好的黄豆倒出来，拿到院里的石磨上一点点地磨，直到把黄豆推成细细的粉末。儿时的我也把这个当作乐趣，每次奶奶推磨的时候，我都会迫不及待地上前尝试，而奶奶总在背后帮我。每到这个时候奶奶总会说：我们的幺妹长大喽，能帮婆婆磨豆花了。而我也咯咯地笑着对奶奶说：“等我长大了，我做豆花给你吃。”奶奶每次听到这句话，眼睛就会开心得弯成一条线。直到现在，我也无法独自做出一份完整的豆花，而我的奶奶却早已离开……等我玩累了去旁边休息的时候才是奶奶

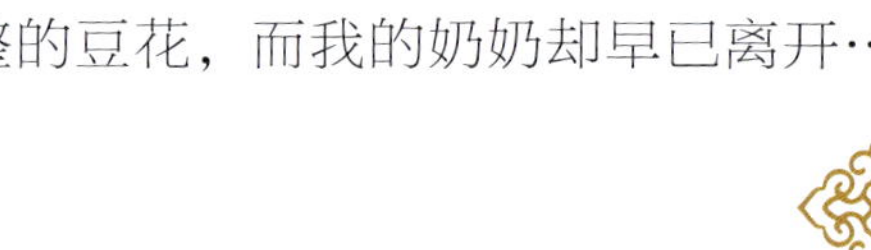

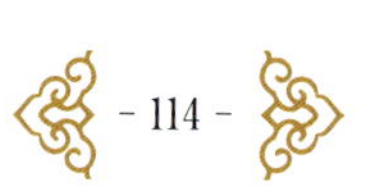

真正推磨的开始，一勺黄豆配一勺清水倒在石磨中，一圈又一圈，一勺又一勺，慢慢地磨碎磨细。每次我等得不耐烦了，奶奶总会慢慢地说：“慢工才能出细活，急不得，急不得。”

经过一两个小时的仔细研磨，黄豆变成了细细的豆浆，接下来便是制作豆花过程中最核心的环节：点豆花。点豆花全靠手上的功夫，火候的拿捏与技巧的熟练程度，直接决定着豆花的味道。而奶奶之所以能在青堰这个几乎家家户户都会推豆花的山村里得到“豆花西施”的美誉，便是因为她那一手出众的点豆花的好手艺。

把磨好的豆浆放在锅里烧开，火候要掌握好，烧开后将豆浆舀在事先准备好的布口袋中过滤掉豆渣，然后滤入家中的大瓦缸。如果是在冬天，这时便要马上给豆

浆下胆水，夏天则要稍微等上一会儿。胆水又叫盐卤，点豆花时，奶奶会将盐卤装在一个有小缺口的碗里，左手一点一点地往下滴盐卤，右手持长柄饭勺不停地从盐卤滴下处往外刮，一直刮到缸里起“鱼籽眼”为止。然后，将豆浆从瓦缸舀到铁锅内，经微火一煮，豆花沉到锅底，窖水浮到锅面，这时将一个半圆形的楠竹片放到豆花与铁锅之间，抓住竹片的两头来回移动，窖水通到锅底，豆花不粘锅也就不会烧糊。如果此时浆汁有絮状物生成，就要立刻用竹筛压榨，将所有絮状物压成一整块。几分钟后，锅内的豆浆便凝结分层，上层是清澈微黄的液体，下层是洁白的块状凝结物。凝结物有着豆腐一般的白嫩与柔滑，然而却较豆腐更为松散，内部密布着蜂巢一般的细小孔洞，这就是青堰的泉水豆花。

每次奶奶一做好豆花，我就会迫不及待地端着碗站在旁边，奶奶总会说：“莫急，莫急，还没给你配蘸料。”在我焦急的等待中，奶奶会用自家种的花椒配上猪油、青椒给我调上一叠蘸料，夹一筷子豆花蘸一下油碟，豆花入口即化，绵而不老，嫩而不溏。蘸料的麻辣鲜香在嘴里绽放，挑动着舌尖的每一个味蕾。再喝上一点满是精华的窖子水，清热降火，甘甜怡人，顿时觉得每一个毛孔都随之畅快而舒坦。

走出青堰之后，我也曾在对家乡的怀念中吃过不少的豆花，却再也没有吃出青堰泉水豆花的滋味。问过青堰的老人我才知道泉水豆花的秘密，除了四屏饱满的黄豆和当地人祖辈相传的传统工艺，就连调蘸料也有着独一无二的讲究。青堰豆花调蘸料所用的花椒都是当地特产的九叶青花椒，如今作为江津的特产，九叶青花椒已经是中国国家地理标志产品。青堰独特的地理气候条件，让当地所产的九叶花椒香味浓郁，出油率高，当地适宜的温度和光照，充沛的雨量及其在季节、月份上的分布，都为花椒生长提供了得天独厚的气候条件。而蘸料中的猪油挑选标准更为严格，用三年以上的老腊肉中的肥肉熬出猪油，味道醇厚香浓，配上独特的九叶花椒，和着豆花入口时，我才明白，那大概就是儿时

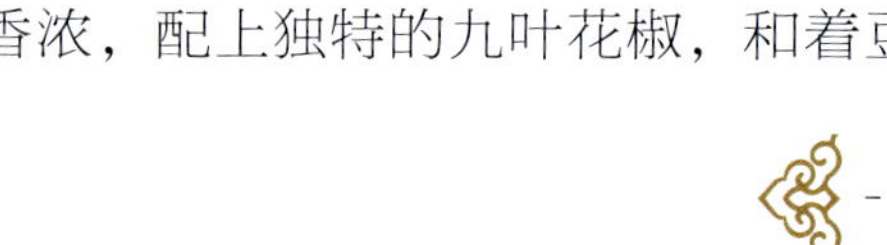

奶奶所说的上天的馈赠。

大自然的馈赠让四屏的豆花远近闻名，家家户户都有一口盛豆浆的大瓦缸，临街而立的豆花饭店铺更是数不胜数。店门口支起一口温着豆花的大锅，店内几张小桌子，没有空调，大多还是用的老式吊扇，抬起头来看一圈圈地转着，让人生怕一不小心便掉下来。店里的豆花都是全手工制作，滚、嫩、绵、白，热却不烫嘴，嫩却韧劲十足，刚刚能被筷子夹起，入口甘甜即化。豆花的蘸料有青椒、红椒，青椒微辣但满溢着鲜香，红椒则是重庆的特色油辣子，浓烈火爆，余香满口。如果是在夏天来青堰，还可以吃到当地独特的蜂蜜豆花，用青堰特产的野山蜂蜂蜜调制，解热又清暑。所谓豆花饭，有豆花也要有饭，饭必须要是甑子饭，颗粒分明，蓬松感十足，嚼劲也足，泉水豆花配上一碗甑子饭，搭配出的是在繁忙的都市中吃不到的老味道，记忆中的家的味道。

对于土生土长的重庆人来说，豆花都是记忆中的味道，小时候，推石磨磨豆子的场景还很清晰，而现在一碗纯粹的手工豆花加甑子饭的组合却不再易得。在我还没来得及学会制豆花的手艺时，奶奶已离开我去了遥远的地方。再想吃一碗奶奶做的豆花已经不可能，而我也最终没来得及给奶奶做上一碗豆花。

奶奶离开后，老家已没有人在，上一次回去还是跟爸爸一起回乡祭祖，狭窄、老旧的土房子间，旧物依然在，如儿时记忆中那样摆放，奶奶的豆浆口袋，装豆浆的大瓦缸，院子里早已废弃的石磨……我仿佛又看到了儿时的自己，我在咯咯地笑，奶奶慈祥地看着我，眼睛眯成了一条弯弯的线，而鼻尖也仿佛又飘过豆花的味道，耳边也仿佛又响起奶奶的呼喊：幺妹回家吃豆花咯……

毕业后，我留在了重庆，每天睁开眼听见的就是窗外汽车、轻轨驶过的声音，即使走在人群中，我依旧觉得孤单。每次遇见豆花饭的店铺总是迫不及待地来一碗，吃完后，独自怀念，我才知道，对故乡的思念一直潜伏在我的内心，仿佛从心底最柔软的地方抽出一根细细的丝线，另一头就牢牢地系在了远方那个叫作青堰的故乡。奶奶走了，我也终于感受到了牵挂的酸楚，思乡亦是思亲，

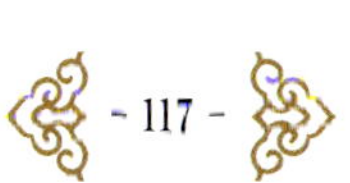

想念奶奶，想念奶奶做的那一碗豆花饭。

繁忙的都市里，劳累的人们总是诉说着生活的艰难。每当这时，总会想起奶奶边磨豆花边说，莫急，莫急，一步步地来，慢慢地来。生活不也是如此？一碗豆花饭，一个爱我的人，一份珍贵的回忆，足矣。

如今，青堰的泉水叮咚，时常和着豆花的香气，萦绕在我清晨每一个最深沉的梦里。好想找一个时间，拉上身边的爱人、朋友，回一趟家乡，吃一碗曾经的泉水豆花，怀念儿时的梦中青堰。

第五章　冬藏

芦花荡

在芦花的心里，只要老房子在，家就还在那里，父母也终有一天，还会在漫天的芦花飞舞中归来。

芦花白了，在水之湄，在山之野。

每当双子峰后的芦花荡里飘起大片如雪的芦花飞絮，青堰的冬天就悄然而来。

芦花荡位于双子峰后一片山坡之上，以大片密密麻麻的芦苇而得名。它们挤挤挨挨，摩肩接踵，互相搀扶着、缠绕着。春夏时节，芦苇疯长，重重叠叠的绿色像田野上竖立的挡风屏障，每当一阵疾风卷过，它们就抱紧了一起摇曳着，发出“哗哗”的声响。深秋与初冬的交汇里，高高的芦苇叶子和穗子开始泛白、干枯，大片大片洁白的芦花在日渐寒冷的风中翩翩起舞，交织成密密的一层层、一团团，远远望去，犹如隆冬的雪花，落在田野里、房屋上。

在芦花荡深处的半山腰上，有一幢小小的房子。如同青堰每一处普通的民居一样，有着斑驳的白墙与青瓦覆盖的尖顶，岁月的风霜拂过，墙体已然有了细微的裂痕，淡淡的青苔从墙角慢慢爬上，记录下每一个普通的山中时日。半掩的房门中，间或出现一个忙碌的清秀身影，那便是房屋的主人——一个刚满二十三岁的姑娘。由于出生在初冬一个满天芦花荡漾的日子，她的名字便叫作芦花。

23 年前的冬天，芦花和弟弟出生在青堰这个双胞胎汇集的村落。和许多同村的孩子一样，芦花的童年绽放在青堰的青山绿水间，门前那片一望无垠的芦花荡，更是芦花和弟弟儿时的乐园。春日，抽一把苇芯吹响嘹亮的芦笛；夏夜，与父母一起，在芦花荡里观星纳凉；秋天，在大片渐黄的芦苇间追逐嬉戏；冬季，看芦荻飞雪，漫山飘絮。芦花从小心灵手巧，经常和母亲一起用芦苇编制成苇篮、苇筐和各种栩栩如生的工艺品，日子就像门前的芦花一般，是一眼望不到边的现世安稳。

芦花的父亲是家中的独生子，从小和芦花的奶奶相依为命，母亲从外乡远嫁到青堰，一家人过得平静而清贫。就在芦花十岁那年，为了给孩子们更好的生活，父母离家去四川打工，把芦花和弟弟留给奶奶照料，祖孙三人一起生活在芦花荡后的老房子里。每年，幼小的芦花最兴奋的，便是过年前几天，父母从城里归来，带来漂亮的衣服，有时还有新鲜的玩具，那几天，老房子里总是传出一家人的笑声，欢笑声和芦花婉转的歌声一起，飘荡在重重叠叠的芦花荡里。

然而这样的幸福就在芦花十四岁那年戛然而止。在那场席卷了中国西部的强烈地震中，芦花的父母被列入失踪人员名单，从此生死茫茫，杳无音信。受到这一消息的打击，芦花的奶奶一病不起，生活的压力骤然如门前的大山一般，毫无预兆地压在十四岁的芦花肩上。

《太平御览》和《孝子传》里有这样一个故事：“子骞幼时，为后母所苦，冬月以芦花衣之以代絮。其父后知之，欲出后母。子骞跪曰：‘母在一子单，母去三子寒。’父遂止。”因为有了这样一个故事，过去人们曾以“芦衣”作为孝子的标志。十四岁那年的春夏之交，芦花和门前飘荡的芦苇一样，仿佛一夜之间长大了。尽管只比弟弟大上十几分钟，她还是像个姐姐一般，担起了全家的重担。

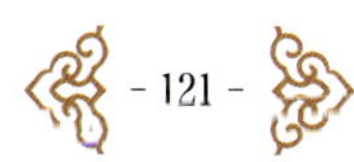

每天天不亮，芦花便起床做饭，给奶奶喂饭喂药后，再和弟弟一起上学；中午一下课便赶上十几里山路，回家照顾奶奶；下午放学后，先赶到田间忙完地里的农活，再回家做饭洗衣，给奶奶喂饭喂药，洗脸擦身，直到服侍奶奶睡下，才在昏黄的灯光下赶起作业。懂事的弟弟几次提出帮芦花分担家务和农活，都被她端起姐姐的架子严词拒绝了，她一遍遍地嘱咐弟弟，你是男孩儿，要好好学习，将来读大学有出息，才能担起家里的重担。

门前的芦苇绿了又黄，芦花黄了又白。从夏天到冬天，每个周末，芦花都要在忙碌的间隙登上双子峰的高处，向进村的路口遥望。她盼望自己这样望着望着，就能望到父母回来，也只有在这时，她才有时间掉上几滴泪水。不管时间怎么流逝，她仍然坚持着让自己相信，相信父母依然活着，在某个自己不知道的地方，好好地活着。

芦花十五岁那年冬天，芦花荡里的芦花再次飘扬如雪。在那年最后的花期一个初雪与芦花齐飞的日子里，奶奶永远离开了芦花姐弟。料理完奶奶的后事，芦花对弟弟说，你要好好读书，把姐姐的那一份也读下去。弟弟诧异地望着她问：“你呢？”芦花低下头，抿着嘴笑着说：“姐等你上了大学，在城里买了大房子接我去住。”

第二年初中毕业后，芦花把弟弟送进了县城的高中，自己却没有再读书。门前的那片芦花荡，又成了芦花的天地。与儿时无忧无虑的嬉戏不同，现在的她，要把那片芦花变成生活，变成柴米油盐，变成弟弟的学费和生活费。

晚秋时节，正是芦苇收获的季节。芦花学着记忆中父母的样子，拿着柴刀成片成片将芦苇割倒，卖给收购的人；冬夜，芦花在灯下将秋天收割的芦苇编成芦席，编成苇帘，编成各种用具；她还跟村里的老人学习，用芦花穗和玉米皮、麻绳一起编织成精致的芦花草鞋，和各色芦苇工艺品一起卖到城里和附近的景区……日子一天一天地过去，弟弟考上了大学，芦花变成了亭亭玉立的少女。老房子旧了，染上了雨雪风霜的痕迹，芦花从门前割下芦苇，编扎篱笆，搭建茅棚，等弟弟回家时一起修补墙壁和屋顶。忙碌的生活里，她已经不再到双子峰上凝望村口的道路，只是在每一个芦花纷飞的时节，还会那么真切地想起父母，想起童年，想起那芦

花荡里飘荡的歌声和老屋里传出的笑语。

二十岁时，芦花已经出落成楚楚动人的姑娘，不断有村里的小伙子向她表达爱意。然而她却无一例外地委婉拒绝了，不仅因为身上的责任，还因为她舍不得那片芦花荡，因为她知道没有那么一个人，能让自己感受到父母那样的爱情，平凡却安稳，在每一个平淡如水的日子里相濡以沫，让人相信牵手便可以走到白头。

也就是在那一年，芦花再次走到了人生的十字路口。随着青堰双胞胎村的名

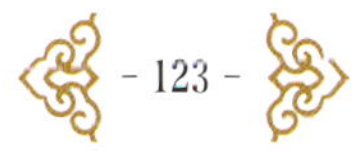

声逐渐为外界所知，不断有游人开始来到青堰，也开始有人来造访芦花荡一直深藏的美景。一次，一位外来的游客看中了芦花家的老房子，因为它背靠青山，门前芦花起舞，景致优美，外来游客便想出高价买下它，修缮后开发为山中的民宿。那笔钱足以让芦花供弟弟上学,再建一所新房过上安宁的日子。对方专程上门几次，然而芦花只是沉默地笑着。在她心里，只要老房子在，家就还在那里，父母也终有一天会回来。

芦花荡里，漫山遍野的雪白的芦花开了又谢，谢了又开，和芦花的青春一起，在大山深处默默绽放。老房子安静地守望着，融入周围的一草一木，一泉一石，伫立成芦花荡里最和谐的风景。倏忽的光阴里，弟弟大学毕业了，专门在那个夏天回到青堰，帮助芦花将老房子修葺一新，然后提出，想要接芦花一起到重庆生活。一望无际的芦苇碧波荡漾中，芦花站在弟弟的身边，习惯性地伸手想去摸弟弟的头发，却发现不知从什么时候起，自己的个头只能达到弟弟的肩膀。老房子在芦苇的起伏中若隐若现，少年时的约定仿佛依然在芦花荡里回荡，“姐等你上了大学，在城里买了大房子接我去住”。然而当诺言成真的那一日，芦花却发现，那已经不再是自己想要的生活。日复一日的成长中，她已然明白，有些人也许永远也等不回，但她却依然愿意和老房子一起守望在这里，连同一家人的希望一起生活下去，就如同他们从来未曾分开。而在那周而复始的等待中，故乡的归属感从未有过地分外清明，她感觉自己的血脉已经融入了这方山水，成为青堰无比自然的一个部分。

而芦花的生活正在愈加精彩。随着古老手工艺逐渐失传，芦花编织芦苇的好手艺终于迎来了春天。除了用芦花穗编织成精致的芦花草鞋，她还用芦苇编织出芦苇包、芦苇帽以及各种栩栩如生的工艺品。城里的景区不断下来订单，甚至有外地的客户前来找她购买。门前的芦花荡里，漫天芦花飘飞似雪，放飞着芦花姑娘的梦想，而她所向往的爱情也在这样的日子里悄然降临身旁。

初冬的一个午后，芦花在芦花荡里细细挑选着雪白的芦花穗，一个高大挺

拔的身影一直陪伴在她的身旁，像四周巍峨的群山一样守护着她，守护着他们的爱情。那是一个山里普通人家的小伙，没有诱人的甜言蜜语，没有鲜花美酒的浪漫，他只是在那些最艰辛的日子里，默默陪在芦花身边，用一双勤劳的手帮她割过一捆捆芦苇，插下一株株秧苗，与她一起担负起弟弟的学业，守护着她平凡而珍贵的希望。

又是芦花纷飞的时节，青堰双子峰后的芦花荡里，漫山的芦花在天地间像纷扬而洁白的雪。芦花的生活，依然如眼前的满天芦花一样，朴实无华而弥足珍贵。她和恋人计划着，等春天来了便结婚，在老房子旁盖上一所新房，然后生一双儿女，像儿时父母那样给他们讲起青堰，讲起芦花荡里的故事。

云豹

云豹生性警惕，身手又极为敏捷，因此几乎可以说是生存在传说中的动物，人的一生中要想近距离看到它，也算是一种机缘与运气。而在那一个冬夜寒冷的早晨，青堰的村民就这样毫无预兆地与传说相遇。

在人类对动物的认知里，“熊的力量，豹的速度”是一种普遍的认识。熊的强悍自然毋庸置疑，而“豹的速度”，主要是指其在陆地上高速冲锋的迅捷形态。不过豹类中也有“奇葩”，不喜欢在陆地上奔跑，却喜欢在树上潜伏，这个“奇葩”就是云豹。

云豹看似温驯，却是擅长攻击的丛林杀手，加上数量稀少，因此很少出现在人们的视野中，从古至今一直带有几分神秘的色彩。

过去，云豹曾遍布亚洲的森林地带，如今却因为人类的贪欲和对森林的滥砍滥伐而濒临生存绝境，地球上现存总数已不足 1 万只。而青堰具有完整的原始森林和生态体系，直到近些年，人们仍然能在山林中偶尔看到这种神秘的动物。

就在几年前，青堰的村民还曾经有过和云豹近距离的接触。

那年冬天，连续半个月的时间里，青堰村几户人家喂养的鸡鸭常常莫名其妙地丢失。后来，不断有村民饲养的羊被不明野兽咬死，村民们心疼，着急，誓要找出“凶手”。经过商量，他们制订了一套“抓贼”的办法。

村民们排了轮次，连续几天在被咬死羊的村民家里蹲守着，终于让他们发现了“凶手”的行踪。冬天的一个夜里，天空渐渐地下起小雪，夜深人静，差不多已经是凌晨时分，就在村民们以为今晚又没有收获的时候，一只体形硕大、外形像野猫的动物，突然闪电一般溜了进来，直奔羊圈而去。早已蹲守多时的村民一拥而上，就在大“野猫”将要实施偷羊行动时，张开一床大棉被，将大“野猫”严严实实地盖在了下面。

然而“野猫”虽然被盖住了，要想抓住它却绝非易事。大家张开大网几次抓捕，最后都宣告失败，大“野猫”拼命挣扎着，村民们虽然人多，却拿它没有一点办法。

就在这时，闻讯赶来帮忙的乡亲赶到了。其中几个老猎户看到了在包围中挣扎抵抗的大“野猫”，忙喊大家快停手。“你们知道这是什么吗？”老猎户说，这不是野猫，而是珍贵的云豹，即使在世界范围内，数量也极为稀少。而青堰特有的原始森林和完整的生态结构，让他们在捕猎中偶尔能发现云豹的身影。每当这时，他们总会远远地绕路而行，生怕打扰到了那珍稀而神秘的动物。

听了老猎户的话，村民们赶忙停止了抓捕的行动，仔细打量着包围圈中的云豹。明亮的灯火照耀下，只见它一身金黄色的外衣，上面镶嵌着一块块深色的云状斑纹，使其显得华丽、灵动而威严。据老猎户说，云豹生性警惕，身手又极为敏捷，因此几乎可以说是生存在传说中的动物，人的一生中要想近距离看到它，也算是一种机缘与运气。

怀着一种近乎敬畏的爱惜，村民们收起了捕猎网，重获自由的云豹迅捷地蹿出了人类的包围，只一个眨眼，便消失在远处山林苍茫的夜色中。

几天后，村民们看到了新闻，说四面山的原始森林中发现了云豹的踪影。当他们在电视和报纸上看到那神奇动物的照片时，再次确定那天晚上，与他们遭遇的就是传说中的云豹。

云豹在现存猫科动物中具有三个突出特点：首先，它是比较原始的类型；其次，

它的犬齿在猫科动物中是最长的；第三，它的体型在大型猫科动物中是最小的，体长一般只有一米，雄性体重23~30千克，雌性16~23千克，然而在这样“小巧”的身躯中，却有着虎豹的凶猛性格，又有着矫健灵巧的体魄。

一说到爬树，许多人就会想到猴子，然而以树为家的云豹爬树本领却远在猴子之上。

在树与树之间，云豹跳跃如飞，腿上好像安装了弹簧，“嗖”的一下便从这棵树跳到那棵树上去了，跳跃的速度快，距离远，且抓得牢，每次都能稳稳地跳跃到目标之上。在树上，云豹可以玩倒挂金钟，将肚皮朝上，倒吊着身子，移动穿梭在树枝之间。云豹还可以玩荡秋千，它用后腿勾着树枝，在林间荡来荡去，潇洒自在，令人叫绝。

云豹高超的爬树本领，正是它生存的必要条件。因为它善于从树上发起进攻，捕食各种猎物。

树上捕猎，云豹的技能极为高超，连猴子、小鸟都不是它的对手，这些小动物往往成为它的美味佳肴；而从树上一跃而下，捕捉地面的动物，更是云豹的拿手好戏，也是它最喜欢采用的战术，在捕猎前，它隐蔽在树枝上，不会发出任何动静，地上的猎物一般发现不了树上的云豹，而云豹在树上观察地面猎物的行踪却非常清楚。

青堰的一位老猎户曾经有幸在深山的密林中见过一次云豹狩猎的完整过程。

宁静悠长的林中午后，老猎户远远地看到一只动物伏在山头的大树上。但见那美丽的动物横卧在一棵大树的横枝之上，体毛灰黄色，体侧有黑色大云斑，颈背部有四条黑色的条纹，尾巴甚长，黑白环相间。经验丰富的老猎户马上意识到，自己看到了传说中的云豹。

就在老猎户观望许久，准备不惊动它悄然离去的时候，一只野兔闯进了云豹的狩猎范围。树枝上的云豹立刻发现了野兔，但为了不让野兔察觉到自己，它仍然一动不动，静静地潜伏并观察着。野兔仍旧蹦蹦跳跳地前行，离云豹越来越近，眼看着它就要进入云豹的最佳捕猎范围，说时迟，那时快，云豹从树上一跃而下，野兔在毫无反应的情况下，突然间就成了云豹的战利品。云豹成功捕猎野兔的整个过程，仅仅是神速的瞬间，对于捕猎过程中的细节，恐怕谁也看不清楚。

除了神秘的行踪与捕猎的技能，云豹的神奇还在于它的灵性。青堰的老猎户当中流传着一个关于云豹救险的故事。一个猎户在捕猎的过程中遇到一只被捕兽夹夹住的云豹，云豹的前脚被捕兽夹所伤，狂怒挣扎，不时发出震耳欲聋的吼叫声。猎户无法接近受伤的云豹，只好用长竹竿挑着水盆，给它递去清水和食物，守护着它整整两天两夜，终于消除了云豹的戒备心。这时他才发现，云豹的前腿伤势严重，捕兽夹深深陷进肉里，伤口周围已经开始溃烂。猎户从村里的老医生处要来了具有麻醉和镇痛功能的草药，捣碎熬成汤，和肉一起喂给云豹，十几分钟后，云豹开始昏昏欲睡，猎户用匕首撬开捕兽夹，用烈酒把云豹的伤口清洗干净，厚厚地涂上了一层云南白药，再用纱布将伤口包扎好。大约一个小时过去，云豹逐渐精神起来，最初小心翼翼地试探着，当确信自己真的重获自由时，才大胆地用三只未受伤的脚轻轻跃上一块岩石，然后回步盘旋，高兴得直摇尾巴，发出一串串长啸。它拱了拱猎户的手，像是在向他告别，然后一步三回头地重新走进了山林。

日子一天天地过去，猎户依然如他日常的每一天一样在丛林中狩猎。一年多后的一天，就在他狩猎的过程中，从林深处突然蹿出了一只棕熊，猛地向猎户扑了过去。猎户左躲右闪，一边与棕熊周旋，一边高声呼救，然而最终体力不支，眼看就要命丧熊口。就在这危急关头，只见一团黄影从树上射出，一只“大猫”从天而降，它一下子扑到棕熊身上，四爪从背后将棕熊紧紧箍住，张开大口猛咬其颈项。棕熊受了伤，落荒而逃，猎户才发现救了他的正是自己曾经搭救过的那只云豹。

也许正是因为这种与生俱来的灵性，云豹才会选择在青堰这方钟灵毓秀的山水间生息繁衍。而青堰人也给予了这种神奇的动物最大的保护与包容，他们希望在这片充满生机的山林中，云豹可以永远自由地栖息腾跃。

大伯

在丁文启的心中，大伯依然是这个家、是青堰的英雄，所谓英雄，有时并非要功成名就，或是做出什么惊天动地的壮举，在他看来，能够在危难中毫不退缩地站出来，守护自己所守护的，担负起自己的责任，这已然足够，无关功利与成败。

每年腊月最寒冷的季节，丁文启都要带上儿孙，一大家人一起穿行十余里山路，到青堰山中祭奠早年故去的大伯。

寻一处山间背坡朝阳、依山面水之地，摆上牛羊瓜果，点起香烛，一壶浊酒倾入山泉溪水，简单的祭拜仪式就完成了。接下来，全家就会齐聚在山中的老宅，笼起火盆，煨上红苕、糍粑，煮起山间的清泉泡上一壶香茶，围炉谈论起一段段经年的往事，而每当这时，丁文启总要在氤氲的茶香里，讲起那曾经讲了一遍又一遍的关于大伯的故事。

丁文启的大伯是土生土长的青堰人，生于十九世纪末，和丁文启的父亲一起成长于山中的一个普通人家。在丁文启童年的记忆里，大伯是典型的青堰人的模样：个子不高但身形挺拔，微黑的脸庞衬托出硬朗的轮廓，紧抿的嘴角不善言辞，眉梢眼角总是带着慈爱温和的笑意。如果不是那年的一场意外，大伯应该和山中的每一个村民一样，日出而作日落而息，在群山的怀抱中走过自己平淡而美满的一生。

变故发生在丁文启十岁左右的一年。那年青堰的冬天特别寒冷，大雪封山，禽鸟俱绝。也许是因为天气严寒缺少食物，进入腊月，山林中开始有老虎出没，初时仅是猎食家畜，后来发展到袭击落单的村民，一时间青堰人心惶惶。丁文启至今仍清楚地记得，那时父母一再叮嘱自己，平时不能独自出门，天黑后更要关好门户，以躲避虎患。

山城重庆有史以来一直是虎患多发地区，在明末清初时曾发生过中国历史上最大规模的虎患，历时三十年以上。而青堰所在的江津四面山更是虎患最严重的地方。府属江津县（今重庆市江津区）在明成化二十三年（公元 1487 年）“多虎患，县令黄昭祷于神乃息”。清顺治年间，饱经战乱的江津已成为“虎狼之穴”，老虎甚至“翻屋登梯，号为神虎”。清人刘景伯曾在《蜀龟鉴》中估计，称“（川东）死于瘟虎者十（之）二三”。直至康熙年间祁彪至江津打虎，虎患才终于平息，此后数百年人虎共居巴渝之地，繁衍生息，相安无事。

二十世纪三十年代正值国内第一次革命战争时期，战乱的频仍导致四面山境内人口减少，加上天气的严寒，老虎开始再次走出深山与人类夺食。当时的国民政府忙于内战，无暇治理虎患，青堰的村民不得不自发组织起来，由各家各户派出青壮劳力，和猎户一起组成保安队，日夜巡逻以保护村民生命安全。

丁文启的大伯当时正值而立之年，身强力壮，身为丁家的长子，便义无反顾地代表丁家加入了保安队，负责当时村子的巡逻和守卫工作。保安队员们分成几批，日夜不停地巡视由山中进村的坡坎和道路，一旦发现老虎，便鸣锣示警，提醒村民避难，同时通知猎户前来捕杀、驱赶老虎。

春节前的一个雪夜，大雪纷纷扬扬下了几天，山林中的积雪越来越深，老虎饥饿难耐，潜入村子捕食。保安队在巡逻中及时发现了老虎，召集村民与猎户与之展开了一场激烈的打斗。那一夜，幼小的丁文启躲在被子里，听着屋外黑漆漆的夜色中不时传来的虎啸声，忍不住瑟瑟发抖。天将拂晓之时，保安队终于将老虎制服，大家清点人数，却发现丁文启的大伯不见了。

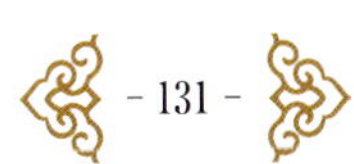

村民们焦急地四处寻找，终于循着血迹在山脚下的雪地中发现了大伯的身影。大伯曾经挺拔的身躯已经被大雪掩埋，后背上留有几道长长的深可见骨的虎爪印，大家由此推断，他是在混乱的打斗中被老虎抓伤跌下了山坡。

尽管村民们齐心协力，从近百里外的县城请来名医，给了大伯当时能提供的最好的救治，然而由于伤势过重，再加上雪地里受了寒气侵袭，两天后，大伯在家与世长辞。那是丁文启的人生中第一次经历与至亲之人的生离死别，如此黯淡而沉重地镌刻在他幼小的生命里。

那一年的虎患，最终在村民顽强的抵抗中随着春天的到来而平息。新中国成立后，随着生活的安定和生产的发展，青堰人口不断增加，老虎重新躲进山林，直至二十世纪八十年代初期，还曾经有人见过它们的身影，之后，这种凶猛而神秘的动物便如同传说中的存在，彻底随着时间的流逝淡出了青堰人的视野。

2007 年，丁文启在媒体上看到陕西农民周正龙声称拍摄到了野生老虎照片的消息，大伯的身影就在那一刻穿过七十余年的记忆重新浮现在脑海。曾经成为灾患的老虎变成了十大濒危物种之首，丁文启对华南虎有着一份特殊的复杂感情。

大伯去世之后，丁家人并没有因此对老虎有特别的仇恨，在青堰人朴素的世界观中，一切以生存为前提的争斗本无关对错，他们能够在虎患肆虐的年代为了自己的家园自己的亲人舍生忘死与老虎搏斗，也愿意在华南虎已成弱势群体的今天为其生存与繁衍尽自己一切所能之力。

然而在丁文启的心中，大伯依然是这个家、是青堰的英雄。所谓英雄，有时并非要功成名就，或是做出什么惊天动地的壮举，在他看来，能够在危难中毫不退缩地站出来，守护自己所守护的，担负起自己的责任，这已经足够了，无关功利与成败。

而这些年，他也在像大伯一样，做着自己该做的事。用对家乡那份深厚的爱来守护着这片山水以及其中的生灵。他期待着终有一天，能有更多人发现青堰的美好，而那一天，正在呼啸的时光里向他飞奔而来。

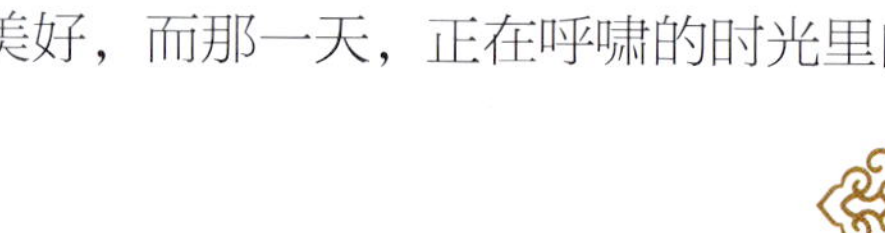

丁文启的痴狂

隔了十二年的时间，当初的『疯话』变成了最神奇的预言，只有丁文启知道，所有疯狂不过出于对故乡深入灵魂的爱，那是他一辈子的事业，一辈子的痴情。

从江津城区到青堰村需要两个多小时的车程，沿途要经过 107 省道、312 乡道，再沿着紧贴崖壁的盘山路一路曲折而上，其中大半是穿行在四面山的崇山峻岭间。

山坡上的楠竹摇曳着修长而密集的枝叶，在车窗外飞快地向后掠去，丁文启将身子紧贴在座椅靠背上，爬满皱纹的嘴角微微抿着，望向远处云雾缭绕的樱花谷，如同望着自己一场不愿醒来的醉梦。

尽管已经 88 岁高龄，丁文启依然坚持着每个月让孩子们带他回一次青堰，因为那里是他出生的地方，是他生活了七十余年并永远魂牵梦萦的故乡。

作为一位土生土长的乡土作家、诗人，丁文启的一生几乎是和青堰近代百年风云变迁同步的历程。1928 年，丁文启出生于青堰深山中的一个普通村民家庭，那时的青堰还不是今天的青堰村，而是国民政府时期的青堰场。丁文启的少年时代处于青堰新旧社会交替、中国沧桑巨变的时代背景下，他的记忆里，有双碉楼的烟火，有大红岩洞的软梯，有祖辈口中青草集的繁华，有盐路马铃

最后残留的旧梦……那时候，他最喜欢听老人们讲述青堰各种神奇的传说，尤其是盐道和马帮的故事。少年的他心中一直有一个朦胧却坚定的信念：总有一天，青草集那繁华鼎盛、人流如织的画面，还会从梦中走出，在故乡的山水之间再次出现。

怀着年少懵懂的心愿，丁文启在青堰的山水间走过了自己的少年时光，他积极投身新中国的革命事业，并迅速成长为村民中的骨干。新中国成立后，丁文启成了家，有了自己的一对双胞胎儿子，在双生子降生的那一刻，他不禁再次感叹于这方山水的神奇，而那个早已萌芽于心的故乡复兴之梦，瞬间重新从记忆深处浮现出来，前所未有地分外清晰。

丁文启一直坚定地相信，自己可以为青堰的复兴做些什么。在曾经信息闭塞、物资匮乏的年代里，他和身边的每一个村民一样，用对这片山林朴素的爱来守护着故乡的一草一木、一岩一石，以及生活在这片山水间的那些生灵。进山砍柴时，总要避开那些珍稀的树木，遇到山鸡、猕猴等山中动物时，也总会小心翼翼地不去惊动它们。那是一个生长于大山中的村民对自然与生命发自灵魂的敬与爱，与生俱来的最原始的本能。

改革开放后，丁文启成了青堰的一名村干部，他开始把更多的责任压在自己肩上。一方面发动并组织村民巡山护林，保护环境，同时维护、修整山中的野瀑、灵泉以及各种景观遗迹；另一方面，带领村民开展符合当地自然条件与文化特质的特色种植养殖，发展青堰的经济，改善村民的生活。他始终相信，在不久的将来，会有更多人知道青堰，来到青堰，并爱上这片神秘而瑰丽的山水世界。

半生的时光就这样在不懈的坚持与期盼中静静流逝，花甲之年，丁文启终于闲了下来。儿女们已经成家，将他接到城里含饴弄孙，安度晚年，然而丁文启心中那个故乡的复兴之梦却随着青堰的发展和时代的变迁愈加热切。他逢人便介绍青堰，讲起双胞胎村的神奇，讲起竹林幽泉的隐逸，讲起群峰云海的壮美，

讲起山林福泽的丰饶，讲起那些让人忍不住去探寻的古老传说。他一次次地亲自带人到青堰考查、游览，一次次地请人将青堰的风景与文化传播出去。

在十几年不懈宣传青堰、推广青堰的基础上，十二年前，丁文启做出了一个让青堰人震惊的举动。他向村民宣布，青堰不久一定会进行开发，建成景区，古老的山村将迎来翻天覆地的变化。为此，他专门整理了数万字的资料，上交各相关部门，恳请对青堰进行旅游开发建设。古稀之年的他一次次地往返于江津和青堰之间，当时，村民们并不相信他的话，大家甚至都怀着淳朴的善意，在谈笑间称他为疯子。

如果对故乡的爱是一场疯狂，那么他愿意疯得更久一些。为了让更多人知道青堰、了解青堰，七十多岁的丁文启怀着巨大的热情提起笔，开始了自己的写作生涯。根据青堰的风景与传说，十几年的时间里，他创作了众多散文、诗歌，通过不断的写作来介绍家乡，推广青堰文化。每个月，他都坚持让家人带他驱车两三个小时回一次青堰，开始是儿女们带他前去，儿女们老了，走不动了，又换上孙辈……当初的青丝已成满头白发，岁月变成皱纹爬满曾经年轻的脸庞，丁文启依然热情不改地奔波在故乡山间蜿蜒起伏的路上。

2016 年，从刚成立的四坪镇政府传来消息，青堰景区开始动工进行开发。那一刻，88 岁的丁文启激动得泪流满面。隔了十二年的时间，当初的“疯话”变成了神奇的预言，只有他知道，所有的疯狂不过是出于对故乡深入灵魂的爱，那是他一辈子的事业，一辈子的痴情。

川盐古道的马铃声依然在每一个午夜最深沉的梦里回荡，而一个全新的青堰正在丁文启的眼前呈现，那是他毕生最温暖的眷恋，是梦开始的地方。

麻雀

每逢下雪，我们依然会按捺不住那种好奇与激动玩起雪地里抓麻雀的游戏，然而抓到的麻雀，我们总是逗弄一番之后，便重新放回了天空，因为我们知道，那里才是它们的家。

回到青堰的那一天，正好赶上初冬的第一场雪。

晌午时分，刚到达老屋，就有零星的雪花落下，一颗颗小小的雪珠，落在头发上、衣服上，犹如洁白的云雾水晶一样晶莹剔透，不染尘埃。

午饭后，雪开始骤然变大，从小雪珠变成雪花陆续飘下。好似天空棉絮般的云朵，由工匠们瞬间打碎之后洒落人间，一朵接一朵，悄无声息地落在地上，很快便积起了厚厚的一层。

围着红通通的火盆，红苕和芋头的香气温暖地盈满了冬日的老屋，三五儿时好友聚集在一起，回忆就在冬日里变得绵长起来。不知是谁先提起了儿时抓麻雀的趣事，那个时候，每逢这样的大雪天，雪地里捕麻雀总是我们这些山里的孩子们最大的乐趣。

麻雀又叫家雀，身上布满了显眼的黑褐色纹路，就像是穿着特意印染的迷彩。在我们的孩提时代，青堰的麻雀特别多，成群结队，遍布在山野田间，每当成百上千只麻雀栖息在树上，那叽叽喳喳的喧闹声便成为一道独特的风景。而在千山覆雪，禽鸟俱绝的冬日里，麻雀无处觅食，正是捕捉的好时机。

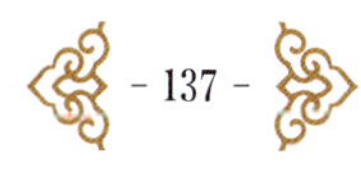

记忆中是在十岁那年的冬天，那年青堰的雪下得格外的大，群峰、竹林、树木、泉水，都覆盖在一片白茫茫的大雪之下，把青堰装扮成一片银装素裹的晶莹世界。

当堆雪人、打雪仗的游戏玩腻了，屋檐下的冰凌也不再能激起我们的兴趣时，不知是谁先提议学课本上的闰土，在雪地里捉麻雀来玩，山间的坪坝上顿时回响起一阵欢呼之声。

我们选了一片靠近山路的平地，附近有一个几块岩石形成的狭小洞穴。在空地上扫开一片积雪，然后用一根竹竿支起一个箩筐，箩筐下面撒上稻谷和玉米等饵料，竹竿上绑着一根长长的细绳，绳子的另一头一直拉到岩洞里。不知是谁从家里拿来了红苕，几个孩子在岩洞里用玉米秆生起一堆火，将红苕挖了一个洞埋进火堆下面。雪花在外面漫天飞舞，我们在狭小的岩洞里围着火堆，在红苕渐起的甜香中嬉笑打闹，很快便忘记了外面的世界。

就在此时，几声啾啾的鸟鸣传来，我探出头，发现箩筐下面已经聚拢了几只麻雀，它们兴奋地啄食着地上的玉米和稻谷。我手忙脚乱地寻找系着竹竿的绳子，然而麻雀觅食时很是机警，总是小心翼翼地东张西望着，还没等我拉动绳子，感觉到动静的它们便扬起翅膀一飞而散。

遭受打击的我们顿时严肃起来，重新布置好了箩筐和诱饵，我们轻手轻脚地躲回岩洞,并用两捆玉米秆堵住岩洞的入口,只留一道狭窄的缝隙观望外面的动静。

就在我们的耐心快要用完的时候，只听一阵叽喳的声响，一群麻雀从空中俯冲下来，径直落在箩筐旁，然后警惕地向四周观看。气氛在那时瞬间紧张起来，我们屏住呼吸，不敢动弹一下，生怕惊飞了眼看就要上钩的麻雀。忽然它们飞了起来，还没等我们惊呼，便又重新落下，这样反复几次后，大约是它们感觉没有危险了，才有几只一蹦一跳地进入箩筐下开始啄食。

年少的我那时是如此激动与紧张，连心跳的声音都能清晰听到。然而，还没等我拉动绳子，颤抖的手便被身边的伙伴一把按住。后来我才知道，麻雀是如此狡黠的鸟儿，有时候，作为万物之灵的人类也不得不佩服动物那种原始的生存本能，

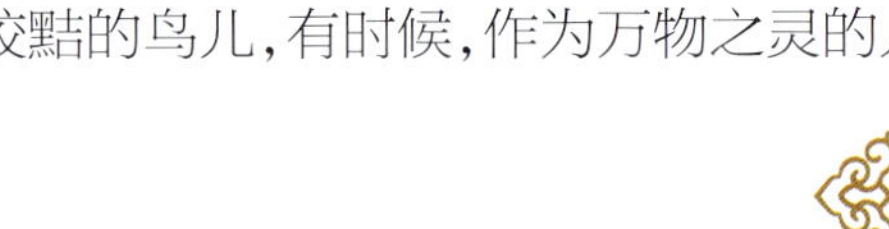

最先进入箩筐的几只不过是它们派出的“侦探”，是雀群中最大胆而敏捷的几个，尽管在啄食，也带着试探的警惕，如果这个时候拉动绳子，便会惊起它们，和雀群一起上演一出“疯狂大逃亡”。

也许是看到“侦探”排除了所有危险，周围的麻雀终于按捺不住对食物的渴望，一哄而上钻进箩筐下争相抢食。说时迟，那时快，我们猛地一拉细绳，竹竿倒了，箩筐“啪”地落下，虽然惊飞了不少，但依然扣住了几只钻进最里面吃食的麻雀。

被压抑的热情在那一瞬间迅速释放，我们蜂拥上前围住了箩筐，有人便迫不及待地想把手伸进去抓麻雀。然而刚把箩筐掀开一点口子，一只麻雀便见缝插针地拼命挣扎出来，疯狂地扑棱着翅膀逃上了天空。

在这种最原始的自然游戏中，山里的孩子从来不缺乏无师自通的智慧。几番摸索下来，我们便找到了捉麻雀的办法：一个孩子脱下外衣，把箩筐整个罩起来，只留一个可以伸手的入口，另一个孩子便小心翼翼地把手伸进去掏麻雀。被罩住的麻雀在箩筐下疯狂地扑腾着，费了一番工夫，我们终于收获了宝贵的“战利品”。

麻雀被捉到后，山里的孩子们一般会在

它的腿上拴根绳子，像放风筝一样牵着，任它飞来飞去。童年的我们那未经世事的心灵是如此简单和柔软，想到麻雀冬天觅食辛苦，便想给它安一个家。于是，我们就用芦苇制作了一个鸟笼，把捉到的麻雀一只只放进去，并在鸟笼里安放一个小碟子，盛些玉米和清水。但这些麻雀对眼前的美餐却无动于衷，只是叽叽喳喳地不停哀鸣着，还招来了笼外几只麻雀的回应。

后来大人告诉我们，麻雀天性倔强，只要被人捉住，宁死也不进食。鸟笼边的我们沉默了，不知是谁先提议说把它们放了吧，立刻引来了一片赞同之声。

打开鸟笼，把几只麻雀放在掌心，片刻之后，它们一只只飞了起来，飞过雪地，飞进山林，飞向了它们向往的自由世界。年少的我们相视无言，瞬间便爆发出欢快的笑声——鸟笼是空的，而心是满的。

后来，在中学的课文里，我学到了俄国作家屠格涅夫关于麻雀的文章，称麻雀为了自己的子女，竟然奋不顾身地站出来与比自己高大几倍的猎狗怒目相对，无论猎狗如何恐吓也不退缩。那时，想到幼年雪地里抓麻雀的故事，突然由衷地感到欣慰，童年纯真的善意总是指引着我们做出与心灵相应和的决定，无关功利与标榜，只是最自然而然地觉得应该那样做。

事隔多年，当儿时的玩伴历经生活的沧桑与世事的变迁，重新说起那段青堰的童年过往时，往事历历如在眼前，如同幼时结下的情谊，历经沧海未曾改变。窗外的雪越下越大了，白色的天光格外明亮，不知是谁说了一句:“走，捉麻雀去！”几个中年汉子顿时在那一刻重新变成了天真烂漫的孩童。

羊宴

夜幕渐渐降临，青堰冬至宴的气氛反而更加热烈。一堆堆的篝火在山林间的坪坝上燃烧起来，将这个一年中最漫长的夜照得格外温暖而明亮。羊肉重新烤起来，山泉水酿制的高粱酒在白瓷碗里发出晶莹的醇香光芒。青年男女们围着篝火，唱着山间淳朴的小调，跳起了欢快的舞蹈，那样的热情和歌声一起，飘入四周静谧的山林。

“红萝卜，丝丝甜，看着看着要过年。”古老的民谣传递出巴渝人民对年的期盼。一进入冬日，年的气息便随着连绵的雨雪，在青堰一天比一天浓郁起来。而在过年之前，还有一个重要的日子，那便是冬至。每年的冬至日，在青堰村都是堪比过年的大日子。如果说年是一家人的节日，那么冬至便是青堰全村的节日，每到这一天，全村人都要聚在一起，杀鸡宰羊，举行盛大的聚会。

青堰冬至的聚会由来已久，久到没有人能说清它的起源和历史。祖辈相传的是，这种聚会最早是由原始的祭祀活动演变而来。远古时期，生长于大山中的村民，依靠山林中的资源生活，他们在山林中耕作、狩猎，心中对山林也有着自然的敬畏，再加上深山中时常有野兽出没，人类在与野兽的较量中，总希望有远古而神秘的力量能够守护自己的安全。因此在一年重要的节气里，山民便会烹牛宰羊，祭祀山神，以求来年风调雨顺，出入平安。

至清朝道光年间，川黔盐道逐渐形成，经江津、四面山、双凤，途经当时名叫青草坝的青堰，一路绵延直至贵州。青堰人开始奔忙在这条古老的盐道上，用骡马运送物资，将盐和川渝等地的特产贩卖到贵州，再从贵州运回商品，经由古老的盐道销往全国各地。川黔之间山路艰险难行，在清末至近代百余年的风云动荡中，更有土匪流寇不时出没，奔忙在川黔盐道上的亲人的安全，成了留守在家的青堰人心里最大的牵挂。每年进入腊月，盐道停运，水路停航，奔波在外的亲人纷纷归来，这成为村里一件值得庆祝的大事。于是在冬至祭祀的基础上，全村人就聚在一起，讲述在外的见闻，庆贺一年的收获，同时祈求来年的盐运能够平安顺利。渐渐便演变成了冬至日全村聚会的习俗。

每年冬至的那一天，天刚蒙蒙亮，古老的青堰便忙碌了起来。村里的男女老少自动分工，在村头的坪坝上搭起简单的炉灶，摆起成排的桌椅。男人们忙着杀鸡宰羊，女人们忙着洗菜烧水，老人们则聚在一起，抱着各家牙牙学语的孩童，谈论着谁家的孩子上了大学，谁家今年建起了新房，谁家不久前娶了媳妇，谁家又添了一对双胞胎……

简单的午饭过后，气氛便更加热烈起来。山间的各种野味，田间的新鲜蔬菜，洗得干干净净，一排排整整齐齐地码放在盘里。热闹的爆竹声响起，那是这个古老的山村对这片大山的敬意。年轻人忙着拜师傅、拜尊长，讨得一年的福财、一年的安康；长辈们此时也不断送出最好的祝愿，让说的人听的人心里都暖融融的；远近乡邻彼此说着祝福的话，预祝来年能有好运气……一年来的口角矛盾都在这一刻随风散去，宰杀好的羊只抬了上来，瞬间引爆了周遭的欢呼声。

俗语有云：“冬至到，羊肉俏。”冬至吃羊肉的习俗在川渝地区一直广为流传。这一习俗据说最早可以追溯至汉代。相传，汉高祖刘邦在冬至这一天吃了樊哙煮的羊肉，觉得味道特别鲜美，赞不绝口。从此在民间形成了冬至吃羊肉的习俗，人们纷纷在这一天吃羊肉以及各种滋补食品，以求来年有一个好兆头。而在青堰的传说中，古时冬至祭祀山神，一定要献祭牛羊，因为牛是人类耕种的工具和伙伴，慢慢地，便用羊代替牛作为最主要的祭品，冬至吃羊肉的习俗也由此流传下来。

古老的中医理论也为冬至吃羊肉提供了养生的佐证。寒冬腊月天气寒冷，身体容易出现手足冰冷、气血循环不畅的症状，羊肉味甘而不腻，性温而不燥，具有补肾壮阳、暖中祛寒、温补气血、开胃健脾的功效，冬天吃羊肉，既能抵御风寒，又可滋补身体，实在是一举两得的美事。

无羊不成宴，青堰冬至日的羊宴，有着诸多的吃法。将羊肉切成薄片，加入盐、酒、白糖腌制，和黄豆芽、莴笋一起放入用爆出香味的辣椒、花椒煮沸的汤料中，红艳的汤汁翻滚，片刻就成为一盆麻辣鲜香的水煮羊肉；将羊肉片与葱丝一起爆炒，然后放入清水和萝卜，煮上半个多小时，便是一道滋补的萝卜羊肉汤；将羊肉放入清水锅内，加酱油、盐、葱、姜、辣椒，小火焖三小时左右，就成为一道酥软爽滑的红烧羊肉；除此之外，爆炒羊肉，粉蒸羊肉……羊肉独有的鲜香让青堰的冬至宴显得格外温暖而鲜美。

傍晚时分，放学而归的孩童让坪坝上再一次沸腾起来，聚会的气氛逐渐达到了高潮，这时羊宴的大餐才真正开始。

青堰人冬至吃羊，压轴的菜非烤全羊莫属。和北方的烤全羊不同，青堰的烤全羊在做法上更接近山民原始烧烤的味道，口感更加酥脆，最大限度地保留了羊肉的原生之味。

将杀好的羊剥皮，去头、内脏、蹄，然后洗干净，将盐、姜、葱、酒和八角、桂皮、草果、茴香、陈皮、甘草等香料撒在羊腹内腌制，并在羊的表皮涂上一层油脂和香料，用铁叉吊起，置于炭火之上，烤制的过程中再不断加入辣椒、花椒等调味，大约一个半小时后，羊肉的表面已经变得金黄酥香，这时再撒上葱花和香菜，一盘带着青堰独特风味的烤全羊就完成了。羊肉端上桌，只用刀切成简单的肉块，供人们吃的时候尽情撕扯。扯上一块放入口中，外酥里嫩，不腻不膻，肉质鲜美，清香异常。在那样的豪爽与惬意中，仿佛一年的艰辛与疲惫都随之烟消云散。

夜幕渐渐降临，青堰冬至宴的气氛反而更加热烈。一堆堆的篝火在山林间的坪坝上燃烧起来，将这个一年中最漫长的夜照得格外温暖而明亮。宴席从餐桌上被转移到了篝火旁，羊肉重新烤起来，山泉水酿制的高粱酒在白瓷碗里发出晶莹的醇香光芒。青年男女们围着篝火，唱着山间淳朴的小调，跳起了欢快的舞蹈，那样的热情和歌声一起，飘入四周静谧的山林。

火盆

最寒冷的冬天里，火盆中燃起的总是家的温度，坐在火盆边，多少英雄变得儿女情长，被这一小盆红通通的炭火拴住了出去闯荡的脚步，多少游子又在日夜思念老屋里火盆那冒着蓝色火苗的温馨时光。

一年最寒冷的日子里，每当北风卷起雪花，渐渐模糊了远处群峰的模样，青堰的人家便早早燃起了火盆。

火盆是用来盛炭火的盆子，放置在四四方方的木架上，在漫长的岁月里，曾经是青堰家家户户越冬的必备之物。围着火盆伸出手烤着，仿佛冬日的寒冷被火盆驱得远远的了，使人在寂寞中有了着落和依靠。

传统的青堰火盆用泥土制成，村里的老人们大多有一手制作火盆的好手艺。每年还在夏秋之际，人们便早早开始制作火盆。把早已准备好的旧麻绳破开，用剪子剪碎，再到山间地头取了黏性十足的红泥，用清水和好，揉捏得软硬适度，然后把一个不大不小的漆盆倒扣下来，盆的外围垫上一层厚厚的纸，把和好的红泥层层地往上贴，当泥胎达到一指多厚时，再把盆沿细致地加工一番，几天过后，定型的泥火盆便脱离了漆盆模具，成为一个独立的整体。这时再用酒瓶子把泥盆的里外抛光，使之美观大方，坚固耐用。最后用藤条或竹篾编制一个容器，把陶土火盆放置其中，只等着火光燃起，宣告又一个冬天的来临。

漫长而寒冷的冬天里，火盆一直与青堰人的山中生活长相厮守。冬日夜长，山间的孩子们在外边野够了，肚子便有些空落落的，猫一样地溜进静静的小院，“吱扭”一声推开堂屋门，一股暖意便裹了单薄的身子。屋子里的大人总是带着笑意嗔道：“还不快掩了门，屋里这点暖气都让你放跑了，火盆里的焖红苕熟了，吃了暖暖你那冻身子……”三下两下从暗红的灰烬里扒出一两块红苕，在手里倒腾来倒腾去，揭去那层黄微微的皮儿，焖红苕的滚热和甜蜜，让一身寒意的孩子好生享受。

在那些没有空调和暖风的日子里，火盆是青堰人家冬日必不可少的取暖工具。吃过了晚饭，灶膛里的余火倒进火盆里，加了些许黑灰的木炭或干硬的木柴，一家人围在暖融融的火盆旁，男人们品着酽茶，点一支烟，女人们缝补着衣物，七嘴八舌地唠起山间的奇闻趣事、家长里短。安静下来的孩子们盘绕在老人膝下，一遍遍缠着爱讲古的爷爷、奶奶说上一段故事。山间那些既有趣又骇人的传说，常令年幼的孩子忽闪着大大的眼睛，看看那红亮亮的火盆，又望望窗外那黑沉沉的夜色，既胆怯又好奇地忍不住听下去。

兴致高时，奶奶会拉着孩子的手，在红红的炭火映照下，断断续续地哼唱一支古老的童谣。那谣曲从奶奶嘴里有板有眼地哼唱起来，绵长而悠远，极有韵味，使冬夜的火盆盛满了亲情，清苦的山间岁月也平添了脉脉温情和绵绵爱意。

装火盆也是一门学问。如果火盆装得不好，冒出的浓烟难免呛得人涕泪横流。每当装火盆时，山里的老人家总会在门外倒尽残灰，再用铁铲将树枝炭火放进火盆，压好拍实，看青烟冒得差不多时再端进屋里，这样火盆燃得久，散发的热气也最充足。

那样微醺的暖意中，火盆恰似山里孩子冬夜里一双不眠的眼睛，暗红的灰烬里烧烤的美味，总让孩子们垂涎三尺，忘记了寒冷与困意。抓一把玉米浅浅地埋进红红的余火中，过不了多久，这儿“噗”的一声，那儿“啪”的一下，满火盆乒乒乓乓绽开了一簇簇白亮亮的爆米花，缕缕香味儿弥漫了整间屋子；黄豆、花

生、红苕、土豆，哪怕最普通的食物，经过了火盆的煨烤，也能吃出温暖的味道。柑橘更是青堰人冬日火盆边的爱物，黄澄澄的柑橘，放在火盆边沿上慢慢煨着，柑橘特有的清香便随着炭火的热气慢慢氤氲起来，暖了烤火人的眼睛，浓浓的一直沁入心底。

有火盆的日子，每一天都有最温情的晨昏朝暮。清晨，床前那泛着红光的火盆，驱散了人们对隆冬寒冷的惧怕，火盆上烤热的棉衣，让赖床的孩子不再留恋温暖的被窝；午后，拿一本书，捧一杯茶，偎依着火盆，不时地伸出双手在火盆边搓上几下，书中的故事也变得有了温度；下午，偶有邻居友人前来串门，火盆边闲话的时光里，流动着平凡和真挚的情谊；傍晚，外出归来的人，收起潮湿的雨伞，坐在暖融融的火盆边，家的温暖便在那一刻暖了身，暖了心……最寒冷的冬天里，一盆火盆的温度，便是家的温度。冬夜里火盆那微红的光亮，映照出青堰山里人家一年的安详与满足。

每年的除夕夜，青堰火盆里都燃烧着浓浓的亲情与年味。青堰习俗，除夕的火盆总要从天黑一直燃到天亮，一家人围着火盆守岁，火盆旺便寓意着财旺、福旺、日子旺。屋外爆竹连天，屋内火盆不熄，远行的游子归来，与年迈的父亲在火盆边烫上一壶热酒，诉说一年的际遇；孩子们偎依在祖辈身旁，伴着那些讲了一遍又一遍的传说，跨过零点的钟声，迎来新一年的美好晨光。而火盆，便在那悠长的时光里，燃过了一年又一年，一岁又一岁。

绿蚁新醅酒，红泥小火炉。晚来天欲雪，能饮一杯无?

随着时代的发展，小小的火盆也和青堰一起在不断发生着变化。精美的黄铜盆代替了过去粗朴的陶土火盆，盆边上刻有寓意吉祥的图案，放置火盆的简陋竹篾容器也变成了木条做成的火盆架。而永远不变的是那份对故乡浓得化不开的眷恋，是那份围炉夜话的情怀与家人最温暖的情谊。

年

无论经历了多少风雨，无论跋涉了多少坎坷，在年的怀抱中，青堰人都幸福地相聚在缱绻的亲情里，杯酒间共诉衷肠，四周萦绕着浓浓的年味，那是一直不变的乡土味道，那是根深蒂固植在心灵里的情结。

农历的新年是每个中国人心中一年里最大的节日，在青堰自然也不例外。

进入腊月，古老的青堰就开始为过年忙碌。杀年猪，熏腊肉，灌香肠，打糍粑，做米花糖，推汤圆粉，在为过年准备丰盛美食的同时，人们也为亲朋筹备着妥帖的年礼：姑娘为意中人绣花，妻子为丈夫纳鞋，老人为小孩攒压岁钱，准备好一年的关怀与祝愿。腊月二十以后，过年的忙碌达到了高潮，各家的主妇不仅要精心备置年货，还要清洗衣服，打扫扬尘，把屋里屋外弄得干干净净。腊月的青堰，到处弥漫着浓浓的年味。

青堰的年，过的是游子思归的乡情。

不知从何时起，青堰人有了一个不成文的约定：每年过年时，远方的游子总要回家。无论隔着山隔着海，哪怕是在地球另一端的大洋彼岸，一到腊月，千百在外的青堰游子，便急切地踏上了归乡之路。沉寂了一年的山村渐渐热闹起来，谁家的孩子远行归来，都要登上双碉楼望乡远眺，都要来到双胞胎泉取水拜祭，

都要登上双子峰怀念儿时在山林中嬉戏的过往，都要穿过怪石嶙峋的石林，到左邻右舍、乡里乡亲那里走走看看，送上几样远方的特产，说上一句“我回来了”。

游子回来了，杀年猪的时间也就到了。

青堰历来有家家户户杀年猪的习俗，年初养一头小猪，专门为过年准备，一进入腊月，便有专门的杀猪人走村串户，一家挨着一家地开始杀年猪。一家一头，一家一天，杀猪人的刀仿佛是时间的沙漏，斩断了经年陈旧的日子，杀了猪，便意味着过年从此开始。

杀年猪是青堰人不一样的情怀。每逢杀年猪，青堰人总要把本家族里的亲朋好友、乡里四邻都请个遍，一家至少来一个“杀猪的”，不为帮忙，只为一起感受那过年的喜悦。孩子们跟着大人来看热闹，老人们被专门请到家里来，坐等着吃“新猪肉”。

思乡的风卷起依恋的雪花，无拘无束地挥洒在车站、码头，陪伴着行色匆匆的青堰人的归乡之旅。青堰的山、青堰的水、青堰的一草一木都在风雪中等待着游子的归来。无论是贫穷还是富有的人们，无论在异乡的心情是忧伤还是快乐，在回归青堰山水的那一刻，心中充满的是故乡的归

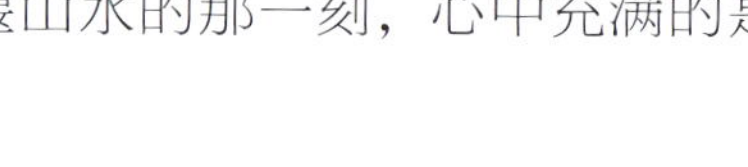

属与过年的喜悦。

青堰的年，过的是一家浓浓的亲情。

杀了年猪，接下来便是家家户户熏腊肉、灌香肠。而腊肉最好的滋味，则要等到儿女们归来。在青堰流传着这样的说法：以前，因为物质条件的限制，吃肉对寻常人家来说是一件很奢侈的事。所以每当杀了猪，分了肉，在家的老人们舍不得吃，便会把鲜肉腌制成腊肉，等候远行未归的亲人回家。

腊月二十三称为过“小年”，青堰的年从此正式拉开了序幕。每个家庭的母亲从早到晚地忙碌，无比认真地打扫着房间每一个角落，扫尽所有的尘垢，亦如扫去了过去一年中所有的烦恼忧愁。家里所有的衣物、床单都要彻底清洗一遍，取焕然一新的寓意；一张张大红的“福”字、挂钱、对联和各种各样的年画贴满了每家每户所有的门，预示着来年福气来到、财源滚滚，红彤彤的颜色映衬着孩子红艳的笑脸，温暖着一颗颗天真无邪的童心……

门前的场坝已经一年没有这样热闹了，左邻右舍在过完“小年”后聚在一起，将煮熟的糯米舂着，打制巴渝特有的糍粑，在长辈们的吆喝声中，年轻人手里的大木槌时上时下，糯米的黏稠度随着捶打的次数不断加大，变得越发柔软，场坝上不时飘出软绵的香气，那些围观的孩子们，总喜欢把父母叔伯捶好的糯米球，做成大小不一的圆饼，然后在上面印上各种图案，送给旁边含笑的长辈。

“回家就是给亲人最好的礼物”，无论孩子飞过千山万水，那个在青堰大山深处的家，永远是依靠，是港湾，是亘古不变的温暖。家里有一盏永不熄灭的灯，照亮着青堰人回家的路。而年就像一只温柔的手，当它走来的时候，只在心头轻轻一拂，人们就知道：年来了。无论经历了多少风雨，无论跋涉了多少坎坷，在年的怀抱中，青堰人都幸福地相聚在缱绻的亲情里，杯酒间共诉衷肠，四周萦绕着浓浓的年味，那是一直不变的乡土味道，那是根深蒂固植在心灵里的情结。

青堰的年，过的是儿女对长辈的孝道。

年三十的晚上，每户人家都要吃年夜饭，这是中国人几千年延续下来的风俗。

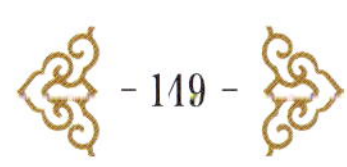

青堰人的年夜饭，饱含着对先人的敬，对长辈的孝，对兄弟姐妹的友爱。丰盛的菜肴端满桌，总要先点亮红蜡烛，燃起祭拜祖先的香火，寓意着一家人齐聚一堂，恭请祖先回家，接受子孙后代的祭拜，感恩先辈的恩惠和遗训，并祈求祖先显灵，消灾纳福。祭拜过后，全家人开始落座。年夜饭上的座次总是按辈分和长幼的顺序排列，入席时先恭请长者、父母入席坐好，晚辈们才按照年龄依次落座。等所有人都入席坐定，斟满酒杯，席上的长辈按排行分别送上祝福的话语，一家人共同举杯，年夜饭才算真正开始。

除夕夜的团年饭是全年最丰盛的一顿，青堰人把平时舍不得吃的肉、果、粮、菜，都尽情地摆上桌，吃出五谷丰登、六畜兴旺的好兆头。其中猪头、猪尾和鱼是必不可少的，意为有头有尾，年年有余。除夕夜的年夜饭，青堰人觉得吃得越久越好，一家老小，四世同堂，浅斟慢饮，寓意长长久久，岁岁年年。而还没等杯盘碗筷收拾停当，孩子们便迫不及待地向长辈们拜年了，得到一张张崭新的压岁钱后，那银铃般的笑声便和爆竹与夜色一起飞过山林，飞过梯田，飞过双子峰最高的观景台，飞过狭长清幽的樱花谷，在这片山水间回荡过一年的时光。

团年饭后，红彤彤的火盆被从屋外抬了进来，一家老小就围着火盆烤火，守岁。火堆里几块老香樟木疙瘩熊熊燃烧着，火苗直窜，香气四溢。火盆上架着一张铁丝网，一块块腊肉在上面吱吱冒油，腊肉旁边干裂得噼啪作响的是那一串串玉米棒和红辣椒。大家围坐在火盆旁，一边随意地吃着花生、瓜子、米花糖，一边说笑着聊起家常。父母膝下，远行归来的儿女一定会讲起在外的见闻，聆听父母一年的教诲，那一声声含着笑意的唠叨，饱含着思念，也饱含着情谊；孩子们则围绕着爷爷奶奶，听着那讲了一遍又一遍却总也讲不厌的故事。当新年的钟声响起，在欢笑伴着爆竹连天的乐音里，漫天的烟花绽放出五颜六色的绚烂色彩，瞬间将整个山林带入一个五彩缤纷的世界，照亮了每一个青堰人的心。

这一夜，青堰的火盆彻夜不熄，从三十烧到初一的火光，寓意着一年的吉祥与兴旺。而玩累了的孩子们嘴里含着糖块，手里握着苹果，就这样在火盆边靠在

父母的肩头陷入了甜美的梦乡。于是年就沉淀在记忆里,变成了游子窗前一轮明月,变成了老屋墙角一坛陈酒，变成了除夕祭桌上一炷香火，变成了涂在炊烟上的一抹明媚的春色。

青堰的年，过的是人间温馨的情谊。

元宵是年的收尾，却也是青堰孩子们盼望的日子之一。每到元宵夜，青堰家家户户的年轻人和孩子就开始趁着夜色溜出家门，等待他们的是一项饶有趣味的活动——偷青。

偷青是巴渝地区独有的民俗之一,在民间素来有“偷青偷青,越偷越亲”的说法。

偷青的“青”主要指田间的蔬菜，偷青的人要跑到亲朋、邻居的田地里，摘上一两棵菜，然后开始假装“逃走”。而被偷的人家则佯装生气的样子，在田埂上追逐偷青者，嘴里还伴随着“抓住他……抓住他……”的话语，双方互相追逐打闹着，感情就在这样的你追我赶里紧密而升华。

偷青的习俗，源于过去贫苦年间过年的经历。在那些物资匮乏的年代里，贫苦人家过年免不了要依靠亲朋乡邻的接济，而为了避免彼此的尴尬，这种接济就靠偷青这一心照不宣的方式来完成。时至今日,青堰人早已过上了丰衣足食的生活,而偷青却作为一种联络感情的风俗保留了下来。偷青偷的是一年的好兆头，偷与被偷的过程，传递着青堰人对来年吉祥如意、生活富足、年年有余的祝愿，寄托着他们对美好生活发自内心的向往。

又是一年腊月的北风吹过，巍巍青山被皑皑白雪覆盖，只露出黛青色的山尖，像云雾间浮游的仙山岛屿。枯草在雪中摇曳，两只灰白色的喜鹊栖息在路边的竹枝上，一动不动地守望着林间的这一脉山水，等候着即将归来的亲人。站在年的门槛上，聆听光阴的脚步又一次叩响于年末岁首，年趣总在青堰岁月的变迁里年复一年，绵延出悠长无尽的回味。

忍冬

金银花是青堰的特产，而相比金银花这个广为人知的名字，忍冬之名更彰显着它的气节与品性：它经冬不凋，愈是苦寒愈是坚劲，初夏之际叶脉肥厚，颜色深浓，似乎要把贮藏一年的绿都泼洒出来。

隆冬之际，禽鸟俱绝，连深山中原始的林木也含蓄地收敛起一年的绿意。然而，一星一点微小的绿色，却正在青堰的山林中萌芽、生长，那便是山间的金银花。

金银花是青堰的特产之一，具有极强的耐寒性，每年秋末初冬，山间的金银花藤蔓老叶枯落，然而还没等人唏嘘感叹，一簇簇嫩绿的新叶便在这万物萧条的时节萌发出来。即使到了寒冬，这些新生的叶蔓也不凋零，仍然充满了生机与活力，当新的一年来临，春风轻轻吹过，它便又舒展枝叶，绽开花蕾，散发清香。正是因为金银花这种凌冬不凋、无惧严寒与寂寞的特性，青堰人更喜欢称呼它的另一个名字：忍冬。

每年五月，春红渐尽，草木渐深，日光渐长。初夏的美妙时光似乎不问花事，但是金银花却逆势而上，成为青堰山间一道清新可人的风景。

金银花开花之初是银白的，后来渐渐变成金黄。这朵正白着，那朵却黄了，参差错落，此起彼伏，勾勒出一幅丰富而多变的画卷，因此得名金银花。而在这个广为人知的名字之外，金银花的另外两个名字似乎更能彰显出它的意趣。“金银忍冬鸳鸯藤。”金银花都是两朵并蒂而生，因此得名“鸳鸯藤”。而忍冬之名则更彰显着它的孤高自傲，它经冬不凋，愈是苦寒愈是坚劲，初夏之际叶脉肥厚，颜色深浓，似乎要把贮藏一年的绿都泼洒出来。也正因此，清代王夫之曾经写诗来赞颂它：“金虎胎含素，黄银瑞出云。参差随意染，深浅一香薰。雾鬓欹难整，烟鬟翠不分。无惭高士韵，赖有暗香闻……”

说到金银花的“高士”风度，除了它经得起风霜雨雪，更在于它坚忍顽强、自由而独立的意志。它们从不择地势，不选水土，落地生根，随遇而安。只要有一点土壤，有一线阳光，它们就自得其乐地生枝展叶。山林深处、荆棘丛中、竹篱根下、断墙豁口，在这些经年不见天日的地方，都能看到那一簇簇、一片片欢笑着的金银花。无论在哪里，你都会发现它是灿烂的、蓬勃的。它们似乎不知道什么是苦、什么是累，只要扎下了根，它们就不问日月，不问风雨，一心一意地生长，就像祖辈在青堰这片山水间生活的村民。

一面颓墙，今年看来似乎只有陈砖破瓦、断壁残垣，但只要落上了金银花的种子，明年它就能把整面墙覆盖得严严实实。没有了颓败，没有了死寂，金银花有的是它明亮的绿，有的是它银白金黄的花。当你的眼睛倦怠时，当你的心情落寞时，突然有这样一片热情的金银花入怀，于是从眼神到心灵，都在那一刻变得明澈起来。

青堰的老人中流传着一个关于金银花的传说：从前，有一对青梅竹马的小夫妻来到青堰，丈夫叫黄龙，妻子叫白凤，他们男行医女采药，用回春的妙手，给乡亲们带来福音。一天，瘟神看上了年轻貌美的白凤，想占为己有，却遭到夫妻俩的拼死抵抗。瘟神一怒之下，向青堰传播了一场惨绝人寰的瘟疫。染病者全身长满红斑，高热昏迷，黄龙夫妇拼尽全力救治，仍然无法扼制瘟疫的蔓延。为了改变青堰的命运，夫妻二人毅然前往蓬莱岛灵芝洞请药王，途中遭遇瘟神的追杀，为保护妻子上蓬莱求药，黄龙拔剑与瘟神展开殊死搏斗，终因体力不支被杀。白凤请来药王，斩杀了瘟神，治好了乡亲们的疫病，最后，她来到丈夫坟前，痛哭了七七四十九天，泪干而气绝。众乡亲把白凤和黄龙合葬在一起。次年，坟前开满了并蒂而生的黄白花朵，乡亲们为纪念黄龙和白凤，便按他们两人的姓氏，把

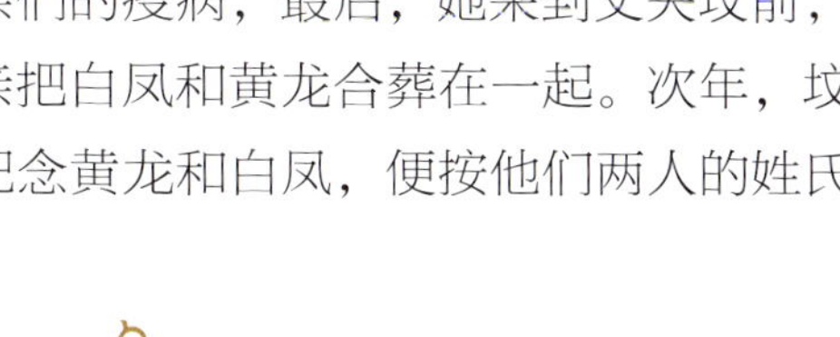

这种花称为“金银花”。此后人们若有个头疼脑热，喝一碗金银花茶，便能“茶”到病除。

七月，是青堰高山金银花盛开的时节。骄阳热风下，漫山遍野绽放的都是枝蔓相连的金银花。花团锦簇，清香四溢，千万朵花次第开放，在春深似海的樱花谷中举目四望，时光荏苒如白驹过隙，年年岁岁花相似，岁岁年年人不同。

野生的金银花藤蔓爬过赤褐色的山岩，随着岩石的轮廓起伏飘荡，覆盖了岩石尖锐的棱角，就像给群山盖上了一层翠绿底色上缀满黄白花纹的绚丽的毯。步入其间，会发现那曼妙而坚韧的藤蔓，已经穿过山间丛生的灌木，攀上树木高举的枝干，那星星点点黄白相间的花朵，仿佛在浓密的丛林中闪烁起明灭的星光。

青堰人爱金银花，不仅因为它清雅绚丽的风姿与凌霜傲雪的气节，更因为它所蕴含的药用价值。金银花自古便被誉为清热解毒的良药。相传，楚国三闾大夫屈原被流放时途经湖南溆浦，身染瘟疫，昏迷不起。当地山民敬佩三闾大夫，不畏艰险，从高山采来金银花，佐以另外几种药草，为其煎汤灌服。屈原不到半个时辰即悠悠醒转，得以继续吟诗作赋，写完《九章》全部篇章，并据此在《九章·涉江》中留下了流传千古的“入溆浦余儃佪兮，迷不知吾所如”的诗句。而在现代中医理论中，金银花具有清热解毒、凉散风热之功效，是心脏病、高血压、高血脂、糖尿病等患者上佳的保健品。

在曾经缺医少药的年代里，金银花是青堰人日常驱病祛疾的“神草”。遇到孩子发烧、咳嗽、嗓子痛，父母就会到山间采上一把金银花，煎上一碗浓浓的金银花水给孩子服下；夏日用金银花泡水沐浴，有驱蚊祛痱，爽身安眠的功效；老人血压高，用晒干的金银花装一个枕头，长期使用具有控制血压的作用；眼睛疲劳发炎，用金银花水清洗，顿感清心明目；而将金银花置于室内，还有净化空气的作用，那清新而悠远的香气，能驱散一身的疲惫，让人心旷神怡，神清气爽……

每年六七月间，山间的金银花最是繁盛，青堰的姑娘们便会结伴上山采摘金银花。一朵金银花的花期最多只有七天，要选取那些初开的白色花朵，在花蕾颜色刚刚变淡时采摘而下，这时的金银花香味最浓郁，功效也最强。采摘下的金银花摊在竹匾里晒干，便成为山中夏日最佳的消暑饮品。用山间的泉水泡上一杯金银花茶，那股淡淡的清香似乎带着晨风的清凉，一扫盛夏的暑意。

尽管金银花是夏季盛开的花朵，然而寂静冬日里的那份生机，才是它的魅力所在。金银花可以入药的不仅是花，还有那经年不凋的藤蔓与茎叶。明朝李时珍在《本草纲目》中便提到：忍冬茎叶及花功用皆同。凛冽的寒冬里，金银花就像它的另一个名字忍冬一样，在青堰的山水间静默生长，就如同这个绵延了千百年的山村，耐住了寂寞，便终能享得长远。

瑞雪兆丰年

以前，时间过得很慢，鹅毛大雪一下就是一个月，我们就在家里，看着下雪，看着雪融，除了等待什么也不做，静候着春天。

青堰的冬天，时间仿佛一下子慢了下来。雪花悠然地从山头飘落，广袤的天空不再有鸟雀喧闹的啼鸣，群山已经沉睡，原野绿得更加深沉，森林正在休眠着，酝酿下一季待发的力量，笋溪河的水流一改往日的活泼，似乎恬静地睡着了。山间的梯田里，没有了忙碌的身影，白墙青瓦的民居仿佛成了静默的古迹，外出的人们多半把自己的身体包裹得严严实实，就像一团棉絮在地上蹒跚滚动。不知谁家的狗儿不时传来一两声慵懒的呜咽，像午睡未醒的呓语。一切都像蒙太奇慢放的影像，青堰的冬天就这样定格成画里的风景。

青堰的冬日是万物收敛不再张狂的季节，也是湮灭陈旧催发新生的季节。寒风寒云寒阳，寒鸦寒林寒雪，一幕幕徐徐舒展开来，恰似一卷原色山水，深沉内敛，含蓄蕴藉。只有身临其境的人，才能看到那天地自然的美景，才能听到那静谧世界万物的心语，才能悟到那激情内蕴的魅力。青堰冬日的韵味，就像一坛被岁月尘封的老酒，慢慢品味，令人陶醉；又像一杯醇厚的咖啡，虽苦却回荡着撩人的香气，让人留恋，难以忘怀。

冬天是青堰一年中最安闲的时光。清晨起来，只见一轮红日从那银装素裹的雪山背后悄悄地探出半张笑脸儿。村里炊烟袅袅，如降临人世间的妩媚仙女，虚无缥缈地在那里轻盈地舞起了霓裳羽衣，随着晨风演绎着万种风情。整个青堰都笼罩在银白的世界里，充满了神秘与浪漫的色彩。在软绵似银毯的雪地里，总是少不了孩子们嬉戏的身影，三五个伙伴，堆雪人，推雪球，打雪仗。一个孩子团起雪团，悄然走到另一个孩子的身后，冷不防扯开他的后领，迅速将雪团塞进去，于是尖叫声、笑骂声，便在山林的上空经久回荡。

入冬后，农事清闲下来，滞留了青堰人早起的脚步。人们待在家中，温暖在屋里团团涌动。男人们围着火盆，烫上一壶酒，谈论着国家的发展变化，述说着身边的亲身经历，憧憬着未来的美好生活，喝到兴起处开始划拳行令，最后倒在床上呼呼睡去。女人们聚在一边，边做针线边拉家常，哪家的闺女大了该许人了，哪家的儿子不小了该娶媳妇了，哪家的孩子最孝敬老人了……家长里短中，笑声不时地传出窗外，激起落满雪的山林沙沙作响。

遇到有太阳的午后，向阳的坪坝上，便坐满了晒太阳的人们。老人们捧着一杯热茶，或是三五闲话，或是聚在一起打上几把纸牌。孩子们则背着大人躲进背风的向阳山坳，各自从口袋掏出生的豆子、花生、玉米，然后燃起一堆柴火，目不转睛地盯着那些干瘪的身体慢慢变胖。诱人的香味传出来了，孩子们就开始争先恐后狼吞虎咽，吃完后每个人的嘴角、脸颊上都沾满烟灰，似乎刚从灶膛里钻了一圈回来。

家里的牲畜在冬日里也收起了往日的野性。圈栏里的猪肥肥胖胖的，扇动着耳朵低着头，嘴巴哼哼地叫着，一拱一拱地吃着食；辛苦了大半年的牛这会儿半睁着眼，卧在牛栏里，悠闲地享受着干草的美味；只有对季节反应迟钝的鸡鸭们，从屋檐跑到鸡舍，从鸡舍跑到牛栏，咯咯、嘎嘎不停地叫着；更有不

怕冷的狗儿，家里来了客人，它会站在门口汪汪地叫上几声，主人听见了，便跑出来迎接，狗也摇摇尾巴，显出一副热情的模样。

那样的冬天里，连时光也似乎变得慵懒起来。白天越来越短了，日头最长的时候，便是照在一棵大树上，后来就照到篱笆上，再后来就照到矮墙上。一天的时间很快便过去。傍晚时分又一阵寒风吹来，窸窸窣窣地下起了霰，小小的冰珠，在衣襟上、树叶上、地上活泼地跳上一阵，停下来静静地躺在低洼处。在霰中漫步，那可是别有一种情趣。霰不会弄湿你的衣襟，比在雨中漫步多了分闲逸。吃过饭，便穿了双厚厚的棉布鞋去到不远的临家。一大群人围着火盆，拉拉家常，讲讲故事。深夜回屋，地上已是积雪盈尺，依稀有动物的足迹纵横交错地留在雪地上。循着一条野兔的脚印追了去，到了丛林里，终于追上了，看见一只灰色的野兔瑟瑟发抖，见有人来，惊得拔腿向深林中狂奔而去。

青堰的冬日是寂静的，又是热闹的。静了鸟雀，多了火盆，翻开了冬藏里一个个温暖的故事。

围炉聊天的间隙里，主妇们开始不慌不忙地推起豆花，酿起米酒，做起各种干菜和腌菜。将红萝卜条或青萝卜条晒得半脱水，放在大盆里加盐揉透然后装进瓷瓮，边装边用棒槌捣实，待所有的菜全部揉好装瓮，再用洁净的稻草把每个瓮头的口塞紧，然后剪来手指粗的桑梗，绕成十字花塞进瓮口，最后把一只只咸菜瓮倒扣在盆里。数日后，待咸水基本溢干，再用泥土封瓮，一个个倒扣在家里一角，待来年春天就可开瓮取食。而在等待的日子里，干菜就悄无声息地挂上了每家每户泥土斑驳的外墙，日子就那样慢慢地安稳地向地老天荒流过，仿佛这般的闲适与美满永远没有尽头。

远山，冬雪，丛林与楠竹的背景下，父母在檐下不停地剥着豆荚，手指划过光阴，正被雪地上的暖阳静谧地泼洒成青堰冬天里一幅极美的剪影。那样的画面总是让人想起以前，那时，时间过得很慢，鹅毛大雪一下就是一个月，我们就在家里，看着下雪，看着雪融，除了等待什么也不做，静候着春天。

冬藏

天地有大美而不言，四时有明法而不议，万物有成理而不说。

冬野清旷，尘世深深，古老的青堰正静静地在白雪与冻土之下酝酿着新一季的生机。于万物轮回的际遇里，静候着它的下一个春天。

冬之青堰，万物蛰伏，山野宁静。登双子峰观景台而远眺，目之所及白雪皑皑，包容万物生灵。

由双子峰顶向下看去，整个青堰白茫茫一片，杂陈着一层层的绿，还点缀着一块块的红。那层层的绿是丛林的枝叶，托着一团一团的白雪，收敛了春夏翠绿的浓艳，浸透成青黑的苍翠隐忍；那块块的红是山间裸露的丹岩，在薄雪的覆盖下烟霞淡染，如同少女脸庞上羞怯的妆容。

千百年的原始森林中，午后的天光映照在雪地上，制造出十分奇妙的视觉效果，雪变得不再是纯粹的洁白，而是像荡漾着的水面，它们围着那些千年的林木打着旋，那些高大的植物在深山里随时都会摇身一变似的，表情端庄，却深藏着机敏。它们的叶片或黄或绿，黄的像是金子，绿的像是翡翠未经雕琢的模样。它们在灰色的天空下一直向天宇伸去，挺拔得像是在向天堂伸展，雪簇拥在它们的四周，雪反映着一刻刻暗下去的天光，这为所有静谧的植物更注入了神秘的气质。

越往山林深处走，雪就越发干净，在一片寂静的白色中静静地闪亮着，亮出各种颜色来。那些色彩在眼前幻化出奇妙的图案，甚至比万花筒更为美丽更为虚妄。让人在这样的感觉里忘记了自己身在何处，忘记了时光的流动和空间的转换。

雪厚厚地覆在山坡上，就像感动厚厚地覆在心灵中。

青堰的冬天，延伸在曲折盘旋的盘山路上。那崎岖不平的山路或沉于谷底，或绕于山腰，或盘旋于垄岗，杳无人烟，大雪封山的青堰是那么的寂静，像被镜头定格的画卷。

青堰的冬天，驻足于村头的双生泉上。冬日的双生泉一泓深潭，青碧见底，洁净澄清的泉水让人感到自己已经远离了世俗红尘。在白雪的映衬下，双生泉如珠玑碧玉，潭面也受雪山的感染，蒸腾着水雾，只那么一层似乎透明的水感，也会让人的心都是湿润的，带着几分清冷。泉边竹林的碧荫，在冬的沉寂中显得深邃而幽凉，阳光温和得就像透过夜幕的月光，在水面留下点点星迹斑斓的图案。

青堰的冬天，流淌在山间的瀑布溪流中。沉静的潭水不复夏日的匆忙，它们优雅地撩起裙纱，轻盈地流向小溪，流过山涧。于是，山中便有了潺潺的流水，悠悠的琴韵。溪水一直沿着山脚前行，有时平静温和，映出涧底几块兀自沉眠的鹅卵石，有时悠然跳跃，带走岩边几片零落许久的黄叶，它自顾自地沉缓地向着山下流去，终于汇入笋溪河明镜般的水面。

青堰的冬天，弥散在山村的人间烟火中。冬天的青堰是如此宁静，屋檐下垂挂的冰柱，滴下晶亮的水珠，日积月累，粗朴的石板上被穿凿出点点水坑，如山村里延续的传说。墙头上，一群公鸡不时昂首啼鸣，家犬悠闲地蜷缩于门口墙根晒着太阳，处处透着与世无争的淡泊。天空时常烟雨蒙蒙，但偶尔也会有蔚蓝与高远。整个青堰都被镶着白边的深绿所覆盖，在寒冬也是一片葱郁，一座座白墙瓦房掩映在起伏的山坳绿林中，墙上爬满了藤蔓植物，映着山上的白雪，散发出童话一般的悠然神韵。

青堰的冬天，也沉浸于灶头飘香的年味中。年复一年，青石缝中的绿苔依旧，村头参天的老樟树还在，屋顶上笔直的炊烟晨昏升起……在悠远的天籁声中，低语着青堰斗转星移的古老历史与变迁。

“才见岭头云似盖，已惊岩下雪如尘。千峰笋石千株玉，万树松萝万朵银。”云淡之处，明晰之间，青堰的冬天就那样神奇壮丽地扑面而来。山似高墙横亘，岩层裸露，自上而下俯冲下来，宛如一匹浩大的瀑布，倾泻于天地之间，溅起了半山云雾，如泼墨后晕染开的痕迹，天地苍茫。一时间，似乎有阳光从无数古老的大树尽头穿越而来，雪地上满是金光。

于是知，“天地有大美而不言，四时有明法而不议，万物有成理而不说。”

冬野清旷，尘世深深，古老的青堰正静静地在白雪与冻土之下酝酿着新一季的生机。于万物轮回的际遇里，静候着它的下一个春天。

第六章 灵萃

重庆青年作家青堰创作文汇

我们从都市潜逃青堰

文 / 刘屹东

把时间缩进衣袖
我们冒失撞进青堰
我们都是身心疲惫的人物
抖落一身都市的尘埃
让硒元素填满我们的匆忙
内心的慌张消散在望乡台上

让我们与祖先促膝畅谈
我们的前世今生
与四屏古镇的碉楼
并排站立
让双胎泉水濯洗我们的肉身
安放我们无处躲藏的目光
看春天一步步漫过苔痕

让我们用双腿追赶青堰的传奇
让马帮驮走乡愁
我们以山峦为壕
抵御季节的袭击
我那高山上的好水属于你哟
——青堰

芦花倒影在天空

文 / 刘东灵

再长一寸
就将迎来春天
芦苇们这样想着
一阵阵清风吹过
整齐的样子真好看

虫鸟们也知道
这片芦苇荡
才是山中最宏大的唱诗班
它们的经典曲目
叫“青堰的泉水叮咚”

泉水叮咚
它们是最尽职的伴奏
滋润着山野
也福泽了村民的心田

这是日常的一天
山神依旧微笑着
而芦花倒影在天空
让我们看见最抒情的云雾

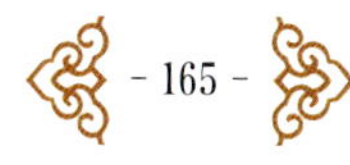

双子峰的春天

文 / 陈彦如

云雾缭缭
怀中的双子峰又清洗了一遍
她们的头发洗得发亮
太阳也眯起了双眼
无比温和安详
对着双子峰微笑
喃喃自语道
多可爱的孩子啊

清风柔柔
梳理着双子峰的长发
不知名的野花
飘洒在她们头上
红色的珊瑚珠，挂满了发梢
鸟儿们私语
看，两个孩子多美啊！

拐枣树听见了
抖了抖满身的树叶和小花
对着飞舞的蜜蜂和蝴蝶说

跳吧，唱吧
我不再是光秃秃的枝丫
一直等到今天的来临
结出更多果子送给她们

竹鼠听见了
披上油亮的毛大衣
从竹林里探出了头来
揉着惺忪的睡眼
喝了几口双生泉的水
得意地说着
嗯，你说得对
泉水和蜜糖一样的甜啊！

身后的两只小竹鼠
机灵地蹦跳起来
欢快地惊叫着
看啊，看啊
两个精美的孩子
抱着春天的云朵飘来

穿行

文 / 陈彦如

在一条历史的长河
穿行着一条幽静的古街
木墙木楼依旧
还有古旧的木门板
青石板铺成的路
已被磨得泛白
祥和宁静的人们
和这条长河一样古老
我轻声地问了问
这是什么地方？
他们说
这是四屏小镇

在樱花林中
笼罩着一朵朵粉色的云
悠长悠长的步道
穿行其中
鸟儿们一路欢歌
悄悄地告诉我
去看看吧

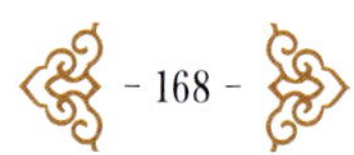

去樱花云朵里走走吧
柔柔的风，等着你去拥抱
潺潺的溪流
等着和你一起去奔跑

云雾在身边围绕
孕母石带着双生石
山一样地矗立
坚定地遥望着远方
四面山的一道道瀑布
孕育了双生泉水
穿行在山里
飞溅的水花
倾泻而下
如烟四起的雨雾
把一切的浮躁洗净
让尘埃不再复来
让处处双生花开

芦苇荡啊
一浪又一浪漫山遍野

穿行了原始的动人的故事
不必看春花漫野
也不必听蛐蛐的弹鸣
更不用看多姿的秋季
哪怕就在冬天
她也已经美到了极致

只要你来到这里
就会穿行在世外桃源
也会穿行在人间仙境
穿行在感动人心的故事里
你要问我这是哪里
如果你来到四屏镇
或者来到青堰村
我再轻轻地告诉你

相醉青堰

文 / 陈晓莉

漫天缥缈的云雾像一缕曼妙的轻纱，覆盖着整个青堰村庄。泉水从山涧响起清悦悠扬的韵律，在云雾缭绕中温婉起伏，唤醒万物精灵。

采撷一朵飘逸的白云，静看雾中的青堰村庄。掬一捧山泉，盈一怀温情，折一枝青翠修剪成笛。我抚弦琴君奏笛，共谱一曲长相守。情思飞舞，灼烧我的心扉，温存你的胸膛。

青堰的泉水倾流直下，望去像晶莹的水帘。飞珠溅壁，玉带轻扬，崇山峻岭间幽雅飘荡，碧水涟漪中倒映画廊。透着花样的妩媚，缕着岁月的馨香。

迎着斑驳的阳，闻着淡淡的香。与君共饮，那甘甜清爽的泉水，浸入心房，撩拨你我思绪，涤荡你我灵魂。踯躅泉边，任山泉飘洒双肩，任红唇相印于怀。

你深邃的眼眸似水柔情，只为我倾泻。我若水的清颜笑靥如花，只为你显现。看着你，望着我，不言再见，不说永远，静静携手凝目。心，暗香浮动吐芬芳；情，缱绻旖旎一世缘。

春花依旧，几度轮回，五百年前浅浅擦肩，换来今生温暖相遇。我愿倾尽一世柔情，与君相醉青堰村，酣眠青堰林。冥冥之中，清凉透澈的青堰泉，见证了这份亘古爱情。

四屏记

文/冉茂一

在当今，能从雾霾笼罩的城市里脱离出来，去一次乡下呼吸含负氧离子的空气，简直就是一件奢侈的事情。

在此之前，我从来没有到过江津。对于它的认识只停留于老白干和米花糖。这次听说可以去江津看一看，我倍感兴奋。

江津对于我来说已经是一个很陌生的地方，我们要去的四屏简直就变成了一个未知的遥远。

来之前就听闻四屏镇是重庆双胞胎出生率最高的一个镇，被称为双胞胎镇。造成此现象的原因是人们饮用了当地一个叫双胞胎泉里的水。我脑子里立刻想起了《西游记》中女儿国里的那一条子母河。一路上大家都在开玩笑说，一定要去喝一下，尤其是单身未婚的。

车一直在盘山公路上行驶。那天起了很大的雾，四面的大山以及其他景物都隐匿在大雾中，给人一种迷蒙的美感。对于长期生活在钢筋水泥森林里的我来说，具有很大的新鲜感。

一下车，我就听到身边的朋友感叹道："这里的空气是比主城好太多了。"

听他这么一说，我就忍不住深深地呼吸了一口。不知道是心理作用还是什么，感觉这里的空气很轻柔，我不知道这么形容是否准确。但就那么一口，感觉整个人都放松下来了。

此刻，抬起头，可以看到自己置身云雾中，仿佛置身一切琐事之外。尘世间的一切事物，都抵不上四屏的一团云雾的重量。同伴们开始拿出相机或手机拍照，他们的脸上洋溢着幸福的笑容，他们迷恋这里的山、水、雾。一个个笑容像花儿一样绽放在脸上，我想这是他们在大城市里不多见的。身边的朋友问我怎么不拍照，我对他笑了笑，没有回答。我只是不想浪费在四屏的每一分每一秒，能亲近大自然的机会实在难得，尽量让它们自然地在脑子里停留久一些，而不是通过拍照的方式。

随后，我们来到了四屏闻名于世的双胞胎泉。一个不算太大的池子里，流淌着清澈见底的泉水。因为双胞胎的缘故，人们都意识到它的不平凡。大家开始聚拢过来，想要一探究竟。我清晰地看到，水底居然有蝌蚪游动。足以证明，这水质是多么的好。朋友们拿出瓶子接水，连几个年纪较大的同伴也参与其中，估计是为他们儿子或者女儿接的吧。我也迫不及待地拿出瓶子，想把这一汪甘泉，带一点回家。

双胞胎泉边就有一户人家。这家恰好就有一对双胞胎。由于在双胞胎泉边待得太久，我赶过去的时候，那对双胞胎姐妹躲在了家里，不愿再出门拍照。我未能用手机拍下她们，算是一点遗憾吧。

离开双胞胎泉，大家想去看一下双生石。听当地朋友介绍，双生石在山上，要想一睹真容就必须翻越高山。爬山，对于我这体重160斤的胖子来说，如同“西天取经”般艰难。但一想到看一下双生石，不仅可以祈求平安健康，还能增加生育双胞胎的概率，为了平安，为了双胞胎，我也只有豁出去了。

爬山的过程的确艰难，因为湿度大，陡峭的山路走起来很滑。说实话，中途我曾想过放弃，最后还是努力咬牙坚持了下来。但由于山路湿滑，不易行进，

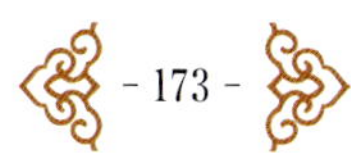

最后大家只好悻悻而归，算作这一次四屏行的又一个遗憾。但愿下次再来的时候，这些遗憾都能弥补上。

坐上大巴，我还未喘上一口气，车就向着主城开去了。我与四屏的第一次相遇，就要结束了。两天的时间太短暂，短暂得就像停留在四屏青堰的某一个瞬间。我看了一下同伴们，他们的脸上都挂着不舍。或许他们也想在这里停留久一点。他们知道，回到城市迎接他们的除了雾霾还有各种乱七八糟的琐事。

窗外的一切在视线里快速地倒退。我知道，四屏正一点点离我远去。突然，我开始变得贪心起来，想要把四屏的山，四屏的水，四屏的雾，四屏的风都“装”进旅行箱带回到主城里去。当我们迷失在城市光怪陆离的霓虹里时，翻出来看一下，或许四屏的清风能涤荡些许的污浊吧。一想到这里，我把那瓶从四屏接来的双胞胎泉水握得更紧了。

女娲不止一次路过双子泉

文/冉桦

我曾在文章中提到过我是个喜爱做梦的人，并且上了厕所回到床上后还能延续梦中的情节，此次去重庆市江津区四屏镇青堰村回来的晚上，我梦见了女娲，梦见女娲从青堰村多次路过。我分析过这个梦产生的原因，发现去过青堰村见了双胞胎泉的人很多都会做类似的梦。

青堰村的双胞胎泉就在村中的公路旁，交通很方便，怕招来嫌疑，我只拍照而没有去喝，但年轻人就不一样，除了自己狠狠地喝上几口，还灌满了矿泉水瓶，我没问他们带回去给谁喝，想来也是多此一言。不过，在我的遐想中，我想给女娲划产权，我还是倾向于女娲曾经去过这些地方，比如神话传说中侗族的《龟婆孵蛋》、纳西族的《多巴经》、土家族的《依罗娘娘造人》讲的是人类繁衍，故事与女娲造人大同小异，女娲应该也去过这些地方。虽是神话，也算是女娲产权中的重要部分。史载周武王伐纣，土家族人以军前歌舞和“桃人”列队，用巫咒打败各路乱军，获得朝廷嘉奖。军人使用的是咒语，泥巴造的“桃人”也能前徙倒戈，造泥人的法术也是女娲的产权。小说《西游记》里第五十四回描写唐僧师徒四人取经时路过一个西凉女国，这个王国里没男人，繁衍后代都是靠喝子母河中的水而受孕。这条河的产权绝不归明朝人吴承恩，吴承恩的法力太小，是女娲化生万物繁衍了女儿国，女儿国的子母河产权不须争论应属于女娲。

女娲历史上的产权相对好分，因为有那么多记载和传说。最不好划分的是女娲当今的产权，如搜狐、新华、腾讯、华龙、新浪、中新、凤凰等各路网站及深圳晚报、重庆晚报、重庆卫视、辽宁卫视、深圳卫视等两百余家媒体，对青堰村双胞胎传

奇的报道。报道内容关键词大至为全村 367 户，有双胞胎 39 对，双胞胎出生率高达 10.6%，家禽都连连生下双黄蛋，一户人祖孙三代都是双胞胎等。这些词句及其照片产权属于谁？按照知识产权法应属于媒体原创，不过我曾拿问题问过青堰村几位村民，村民们憨厚地笑着摇头不认可。村民不认可，这算是我想把这些新闻的产权划归女娲的理由。

这美好的想法，我还没有说完，接下来是双胞胎泉分给谁。中国社会经济、民生福利事业蓬勃发展，日新月异，造就了土地使用权、森林管理权、房产、公司产权、知识产权、无形资产产权等，双胞胎泉也必定有一个产权归属。如果把它划到远古，女娲毕竟还带着一族族儿女，离 2017 年很远，在现实中难以发挥她昔日的能量；如果把它划归历朝皇帝，皇帝离青堰村压根儿就是山高皇帝远，毕竟皇帝没有电台、电视、手机、互联网，连宫殿在崇山峻岭的神圣咒语面前也知难而返，事实上也如此，青堰人没有将双胞胎泉举贡给皇帝，皇帝子嗣短缺仍然是难题，太监着急也没用；如果把它划给名人、明星、作家、土豪，那也是八竿子打不着。我问过几位村民，双胞胎泉应划给谁？没有人回答得上来，我想还是分给女娲，尽管不公平，至少没有争议，毕竟女娲离今天这个时代很远很远，让她身边众多的儿女隔着几千年也能分享当今的美好愿望，这也是一件好事。

把双胞胎泉的产权分给女娲，我自我感觉还不错，因为在我人生经历中无奇不闻，唯独双胞胎泉所在村寨的地理和人文情怀是我最荣耀的一次分享。

假如把双胞胎泉产权分一份给我，我每天早上会比蝉翼般的薄纱云雾起得早，置身于视野中的群山俊秀，其实我更像是骑着天庭的神马，比弼马温师兄还帅气，转身之间就把昨日的汽车尾气、建筑尘土、二氧化碳等污染物统统排掉，也许这是悟空长寿的原因。其实，白天还有一个好去处，往双子峰走，那里有一尊泰山石敢当神位，山水音韵之中沁人心脾的绿色会穿越你藤蔓缠绕的思想，带你发现一个古老的密码，用它打开尘封的铜镜，看到旌旗、马队走过荆棘载途的森林。如果晚上去寨子，我必须是一个歌者的形象，唱词里要有妖娆与诱惑的诗话，才

能打开猪獾、竹鼠、岩蛙、野兔等群友的大门，乐谱里的调子让风听着，恋爱着的芦花和树林更能手舞足蹈地彰显思想与乐趣。如果午夜去到一户人家，我只需要十分钟，就能爬上土墙上的屋梁，看到一对新婚夫妇正在床上嬉戏，同时桌上的电脑里正播放着当日的婚庆录像，只见视频里娶亲的队伍，披红戴花，唢呐声声，看热闹的亲邻们脸都笑成了一朵朵山花，白的、浅红的、古铜色的都有，在公路旁摇曳着。对此我不能久观，已经很失礼了，还是换一家土墙爬爬。这是一家大哥大嫂的卧室，鼾息声弥漫着整个房间，双眼微闭的大哥大嫂，黝黑的额头上可以看透他们的思绪，我看到了他们的额头上渗出了盐、铜、纤维，还有一些我不认识的汉字。我没有偷香之意，绝对保持思想与行动之间的距离。

说了许多，我还只是把自己当成了一位游客，我是双胞胎泉的股东，就应该做自己分内的事，因为得挣钱养家。我想就在双胞胎泉旁边摆摊子做生意，比如按双胞胎泉流水声的音韵写歌曲卖钱，收入绝对可观。曲子基调是这样的：喜庆时，唢呐作为协奏曲，胎儿降生时的呱呱叫声为主调，音乐的旋律可以让青堰村纯洁的蓝天、妖娆与诱惑的森林更加绚烂多彩，可以让母爱、教诲、纯朴、耿直、豪爽、乐观的字符在每一颗露珠上晶莹透亮而富有本真的人文情意。劳动时，山歌调作为协奏曲，把流水经过植物根部的回音作为主调，你会听到植物的孕期以及岩壁上石墨生花和绿色植物的梦想，这绝对是最具影响力的歌曲。

从青堰村回到主城几天后，我还是觉得双胞胎泉的产权分法不妥，双胞胎泉产权应属于青堰村居民，村民们可以招商引资让青堰村变成一个景区，让村庄变得更加精神和充满生活品质。他们已经不缺女娲的能量和中国梦，双胞胎的遗传因子已灌注于身躯，转身之间就能让梦想与现实比青堰村的天空还蓝，比双胞胎泉水还清晰。

马三爷

文/马　卫

马三爷当了近五十年马锅头——马帮头领，行走在渝黔边界的江津和习水之间。

要不是年纪实在太大，加上公路、铁路畅达，马帮生存空间越来越小，马三爷还想干下去。

人真怪，干活时没病没灾，耍起就得病。马三爷竟然被一场感冒整得进了医院，一检查，已是胃癌晚期，最多还能活几个月。

马三爷愣了，因为他挣下的钱，现在不知咋办。一生颠沛流离，没娶过老婆，当然就没有后人继承。

马三爷想，老子当年也是精壮男人，一米七五，虎背熊腰，沿途好多婆娘缠呢！哪个男人不风流，未必就没有留下个孩子？

就在这时，医院来了俩人，吵着要见马三爷。俩人长得如兄妹，都有半边脸是黑的。

马三爷输着水，半闭着眼，还在为年轻时的轻狂而悔恨，当初好多人劝他成家，说男人挣钱女人花，哪个男儿不成家？马三爷只嘿嘿哂笑，他说当马锅头，哪里黑哪里歇哟，要啥婆娘，累赘！

可是，看着别人生病住院有人服侍，他还是有些“眼气”（羡慕）。

护士说："马三爷病了，你们有啥事找他？"

二人硬闯进病房。

闯进病房的黑脸男人说："你是马锅头马三爷，对不？"

马三爷有气无力："未必还有人来冒充我这个赶马的？"

闯进病房的黑脸女人一步上前："终于找到你了！我们在大娄山，整整找了八个月呢。"

护士大惊，要上前阻挡女人。女人却没有抓扯马三爷，而是为他理了理铺盖。女护士准备打电话叫保安的手放了下来。"你们是——"

黑脸男女对视一眼，然后羞涩地低下头："我们是马三爷的儿女。"

马三爷本来病怏怏的，既饱受病痛折磨，还有内心的纠结。大叫："你们行骗也不选地方，这是医院，不是疯人院！"

黑脸男人说："我们没有疯，我们真是你的儿女，我们是龙凤胎，亲兄妹。"

"你们是哪儿人？"

"四面山的青堰村。"

这下，轮到马三爷翻白眼了，因为，多年以前，他在那里欠下了孽债。

那时，三十多的马三爷是条好汉。带着马帮走渝黔。马帮结队而行，多的二三十人，少的几人。除了防身，还可以相互照顾。

这天，马三爷来到四面山青堰村，刚好遇上暴雨。因为淋了雨，周身发寒，天晴了没法继续赶路。

那年代缺衣少药。他不得不让同伴赶着马走，自己找农户养病。

那个叫黄瓜花的少妇，二十多岁，男人病逝，因为半脸先天漆黑，就没有再嫁。黄瓜花好心地收留了他。山区，人烟稀少，况且马三爷也没有力气走远。吃女人煮的洋芋饭，饮女人从山洞担回的泉水，喝女人熬的汤药。马三爷对女人，刚开始看不顺眼，后来发现女人其实除了半边脸黑，身材挺好，结实丰满，性格温和，落落大方。

后来的一个雨天，两人终于睡在一架铺上。

马三爷走南闯北，风流艳遇多，没上心过。走时给女人留点钱，留个手镯或戒指啥的，做念想。当然他也说过他家在何处，大娄山脉的角落，两棵百年银杏树的旁边。

“你们真是我的儿女？”

“这还有假？医院可以化验啊。”

“你妈是？”

“黄瓜花。”兄妹俩争着回答。

“你不记得了吗？半边脸是黑的。这是你留给她的戒指。”说完，黑脸女人掏出一个布包，居然裹了三层，打开看，那戒指早黯淡了。

还真是他的儿女。

没想到，一下就钻出一对儿女来。原来，青堰这地方的水，含硒多，硒能够增强生殖功能。青堰附近，竟然有五分之一的家庭生育了双胞胎。

马三爷高兴起来，虽然有点怀疑这对儿女是来追逐他的财产的，可是，自己一口气提不上来，要这巨额的财产有何用？人在天堂，钱在银行。

“孩子，你们受累了，你们的妈受苦了，我即将去世，我把一生积蓄留给你们。”

“不要。”黑脸男人说。

“不要。”黑脸女人说。

“那你们要啥？”

“要你到青堰，和我妈结婚，她也重病在身，将不久于人世。”

青堰，一座坟里合葬着两位刚结婚的老人，他们就是马三爷和黄瓜花。

马三爷留下的巨额财产，他的一双儿女捐给了村里，成立了双胞胎基金，谁家生了双胞胎，都可以领到一笔补助。

世上再没有一个叫马三爷的马锅头，可青堰的双胞胎家庭，享受着他积累的财富，幸福地生活。

青堰梦旅人

文/黄振新

悠悠绿色，萦绕着青草坝的安详、青堰场的自然以及青堰村的和平。

我看见了大批的人马商队，他们正从江津赶往贵州。哦，我这才想起，这条路正是青堰商道，位于自古以来的三大官道之一川黔盐道上。人们为了经济的繁荣，不惜在那个重农抑商的时代，开创了这片经济沃土。

马帮、背篼、大烟馆、赌场、物资交易集市组成了当时的青草坝，如今的青堰村。

春风正好，万物光辉。我看见勤劳朴实的百姓正在穿着长衫春耕。那时正是民国时期，外界的枪林弹雨也不能影响这个村落。它像是与时代隔绝，如同陶潜笔下的世外桃源，不知秦汉几何。

我稍一打听才知，在那儿耕种的，还有地主。他们没有丝毫鄙视他人的架子，与大伙儿一同春耕秋收。

我看着那一片稍显繁盛的地带，那是青堰最高的楼——双碉楼。古雅而又不失气派。

要说青堰，万万少不了的就是养蜂了。其中，野山蜂更是一绝。它们是自然的馈赠，在山崖采蜜，危险性更是可想而知。故而，青堰特产“双花蜜”，在外界的口碑一直不错。

恍惚间，我仿佛又回到了童年时期。儿时的记忆，是山林田野的味道。童年的回忆，与打猎是分不开的，在自然环境中获得了乐趣与美味。

我看见了猪獾，它正在爬树采摘酸枣。猪獾只有在这个时候才容易捉到，而静观许久的人们，看准时机，迅速地捕捉到了它。

大型动物除了猪獾，就是野猪了。它是国家保护动物，但或许是习性的原因，无法家庭养殖，奇怪的是，在自然环境中，它倒是能很好地生存。

竹鼠是啮齿目竹鼠科的通称，因主要吃竹子而得名。它除了有食用价值之外，还有经济价值和药用价值。竹鼠是青堰的一大特色，成了具有经济效益的养殖产业之一。

我看见一只岩蛙迅速地闪过，它是岩缝和山涧里的精灵。

要说我幼时吃过的农家美食，那可要数野鸡和野兔了。几乎家家户户都会狩猎，然后便把猎物进行交易或者留着过年时享用。恰巧，野鸡和野兔正是过年时的家用美食。如同腊肉一般，待把它们作为菜品呈上，也是一道不错的美食。

青堰多山，绿林围绕，特产也自然不会少。那拐枣也正是特产之一。每逢秋收时节，就会遐想到清脆可口的拐枣。它不比普通的食物，而是每家每户都会种植的枣类。

青堰风景如画，既有青山，也少不了绿水。看青堰的肥美水产，山蟹、鳝鱼和泥鳅定在要说的行列之内。对于泥鳅，如果不是青堰人，几乎很难相信，这种随处可见的灰褐色的东西可以作为水产，但事实就是如此。泥鳅中含有的天然成分以及各种高营养蛋白，不是普通的食物可以比拟的。只要做法得当，作为食物被呈上餐桌在青堰是很普通的事情。

每逢临近过年时，总少不了前面所提到过的腊味和泉水豆花。

传统腊肉的制作，需要多种手续，几个月的腌制，挑选肉品以及密封等工序，稍有半点马虎，就不可能腌制出美味的腊肉。而豆花的制作，则是当地老人所津津乐道的事情。尤其是村里的老奶奶们，她们聚在一起，经常比试着谁的豆花可口。腊肉和豆花，是年货，而制作腊肉和豆花更是青堰人的传统习俗，代表的是一种精神，是一辈辈人的关怀。

除了拜年之外，大年三十晚上燃烧一天一夜的火盆也是极为重要的。那时，小辈就坐在长辈面前，听他们讲青堰的历史。而火盆的燃烧不灭，也意味着这一年的兴盛不衰。

没有诸多繁礼，却在过年时有个趣味活动。这时，村里的孩子或者年轻人会去偷亲戚邻居家田地里的菜，这个活动称为“偷青”。它不仅传承了文化发展，更是让乡亲在繁忙中感受到了快乐。

百善孝为先。戏彩娱亲的故事已经成为过去，但也没有过去。它一直被青堰人所效仿，这儿更有每周一次的青堰团圆饭。几代人坐在一起，其乐融融。

有望夫石，有孟姜女，自然也有青堰的芦花荡。在青堰双子峰后，有一条河流，这是一个名叫芦花的姑娘的爱情故事。

青堰的风景，一年四季都各有各的特点。茶点与樱花酒，这是春天的特色。青堰人经常会三五成群，一起进谷赏花，春天的山谷繁花似锦，青红相间，好一片大美的景象。而山谷，也是一个藏匿地。相传，古时有很多人因为朝廷的昏庸，而躲到山谷里隐居。青堰的山谷，自然也有人在。

夏天，是一个放飞梦想的季节。夏风习习，拂动着女孩子的裙角。萤火流光，清水菡萏，满天星子，知了声声……这一切，都是夏的馈赠。享受着夏，那一刻的躁动也变得宁静起来。感恩着夏，那一时的无趣也变得生动欢畅。

金秋，是丰收的季节。前面提到过的拐枣，也是在这个时期成熟。大片稻田里，青堰人相视而笑，他们没有因为辛劳而抱怨，没有因为繁芜而疲倦。

寒冷的冬季，围在火炉下欣赏着窗外的大雪纷飞。洁白的，柔软的，仿佛要洗净外界的一切污垢，带走杂乱。瑞雪兆丰年，这个时候，优质特产金银花出场了。没有风风火火，只在每个冬日寂静生长，却没有人不知道它的价值。万物蛰伏，山野宁静，白雪皑皑，青堰又将迎来下一个盎然生机。

火盆里的青堰岁月

文/何泛泛

拨火煨霜芋，围炉咏雪诗。

此时无一盏，虚度小春时。

——《和白香山何处难忘酒》节选

山中岁月，恬静而绵长，凝固了时光的流动。

当雪花簌簌而下，将山中的石屋瓦房、原野、山峦、曲径，都渐渐地披上一层白色霓裳，这乡村，更显冷清寂寥。而那冬夜月光下的瓦片，就像青堰茶坝河里不知名的鱼儿的鳞片一样，泛着清幽的光芒。在这光芒之下的石头房子里，总有一盆木柴炭火，将一家人的脸，照得通红通红。大黄狗则同样围在火盆旁，懒洋洋地打盹儿……

文艺

记忆当中的火盆，总是伴随着寒冷与饥饿，还有那满屋子烟雾缭绕的一幕：奶奶拾柴，爷爷点火，烟雾在屋子

肆意乱窜，到处弥漫，呛人辣眼，熏得人一边咳嗽，一边泪流满面。

如果你被安排了“执掌”吹火筒，那么当你拿着大毛竹 DIY 而成的吹火筒对着火盆一吹时，火炭星子就“簌”地升腾起来。用手抹一把脸，你的脸上也自然地化了一个纯天然原生态的“烟熏妆”，就等着你的兄弟姐妹哄堂大笑吧。

说实话，记忆中的火盆，真的与文艺没有丁点儿关系。而在文艺界，坐在火盆前，却有一个颇为文艺的叫法：“围炉”。与围炉相关的诗句，信手拈来，不下百十：

“枯叶寒梢夜放声，围炉小阁喜初成。”

“回思风雪围炉夜，何处联衾拥木绵。”

“围炉只用深藏火，隐几还应暖似春。”

“杯深喜近围炉火，香冷谁寻小树花。”

……

一直好奇，那些写下“围炉”诗句的文人墨客们，是如何自动屏蔽了“生火”阶段那狼狈一幕的，以及他们最喜欢在火盆前聊些什么。

童趣

当然，狼狈之后，却是一份让人无法抗拒的全身心的温暖。

印象当中，最原始的火盆是用山里特有的红色黏土做成的，晾干之后，装些未燃烧透的柴炭，慢慢地，红泥火盆也被“烧制”出来，供一家人烤火之用。

也有的火盆是竹编的，里头放一个土瓦钵。而条件好一点儿的会去农村供销合作社土产杂货门市部买一两个生铁铸造的火盆。再不济，就是一些厨房里淘汰下来不能用的铁锅。

奶奶会将灶坑里未燃尽的柴炭放进火盆里，一层层压实，然后还会根据需要不时添加一些新的木柴。后来，慢慢地，这个事情，便由妈妈全权负责。

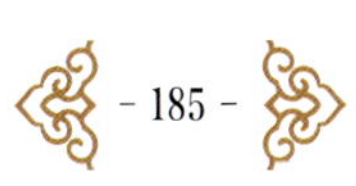

童年里，我们享受着炭火带来的温暖与温情。火盆前，每年冬天都要上演一场舌尖上的盛宴。

在山区，土豆、红薯、玉米、芋头，自然是不会缺乏的。当我们围在火盆周围时，总不会让炭火只为我们取暖，会在炭火上将这些土地馈赠给我们的杂粮煨在火盆里，不久，满屋子都是香喷喷的气味。边烤边吃，人暖和了，肚子也饱了！

除了这些热门的，还有一些诸如辣椒、麦穗、爪马儿、蚕蛹等冷门食材。

烤辣椒看起来很辣，不过也要看辣椒的种类，有的吃起来一点辣味都没有。可以就这样吃，也可以充当调味品。野地里抓来的爪马儿，用竹签子串起来，在火盆上烧，烧熟之后，肉没有多少，却是营养丰富的零嘴。当然，有些胆儿小的女孩子是不敢下嘴的。

胆子大的，什么事情都敢去尝试。

记得有个调皮的男孩儿，居然在某个冬天，学着电视上演过的《少林大师》里的二指禅、一指禅之类的武功技法，把手插到火盆里。

重庆的冬天，阴雨连绵，衣服不容易干。如果你到有奶娃的人家串门，一进门，扑鼻而来的绝对是尿湿的裤子在空气中被烤炙之后挥发的味道。

竹笼子罩在火盆上，是一个家庭里最原始的“烘干机”。

守岁

一夜连双岁，五更分二年。寒辞去冬雪，暖带入春风。除夕守岁是中华民族最重要的年俗，这在魏晋时期就有记载。除夕晚上，一家老小熬年守岁，欢聚酣饮，共享天伦之乐，这是炎黄子孙至今仍很重视的年俗。

青堰的守岁，依然由那个火盆担当着重要角色。

青堰的除夕，有一种仪式感。

从年三十到大年初一，火盆炭火长明不熄，象征着兴旺。一家人团团圆圆，围

坐在火盆跟前，烤火取暖，聊家常，年味儿就这样越烤越浓。

爷爷奶奶总有说不完的故事。从古到今，从远到近，从“麻老虎”到村头的张三李四王五……

从沿海地区回乡过年的年轻人，则会为乡村的小孩带来外面的世界最新鲜的资讯：车水马龙的城市，蔚蓝无边的大海，高耸入云的大楼……村里的小孩，通过除夕的这一场“围炉”，对外面的世界有了一次间接的触摸。

过了一年，又长一岁。

斗转星移，火盆被定格为乡村往事的特殊符号。炭火，在流年的光阴中，渐行渐远渐，温暖的又岂止是我们的身心，更是几代人的精神。

一年又一年，村里的懵懂小孩，慢慢长大，走出乡村，走向远方的江河湖海。行者将故土放在心田，永志不忘。在那远在天涯的孤独中，离别的人只能够始终怀念。在江湖飘零经年以后，纵使已被生活的风霜磨砺得尘满面、鬓如霜，可在心底依旧会期待，期待重逢的那一天。

每到冬天，曾经生活在山里的孩子，就想起乡村，想起充满温暖的火盆，想起那从火盆里爆出的一缕缕土豆、红薯、玉米、花生的香气。而全是因了这火盆，征途中旅人的童心才没有被冻伤。

现在，行者的背囊装满了故事。

那么，你的心中有火盆吗？

梦回青堰

北纬 28° 41′ 58.00″，东经 106° 27′ 3.26″。

重庆市江津区四屏镇青堰村。

在全世界双胞胎平均出生率为 1:89 的大数据背景下，这个位于渝黔交界、四面山群峰环绕中的小山村却创造了一个特殊的奇迹：全村 367 户共有双胞胎 39 对，双胞胎出生率高达 10.6%，甚至连家禽都连连生下双黄蛋，更有村里一户人家祖孙三代都是双胞胎的神奇现象！

随着青堰“双胞胎村”的称号不胫而走，不断有全国各地的专家来到这个曾经繁华过光阴，也静默过岁月的小山村考察研究，试图从科学的角度来揭开青堰村“盛产”双胞胎之谜。然而无论“基因说”“水土说”，还是“富硒说”“环境说”……哪一种说法都有一定的科学依据，却又似乎都无法完全解读青堰双胞胎村的成因。

在科学之外的领域，我们不妨转换一个视角，从文化的角度再次来触摸这个神奇的双胞胎村。由于自古多生双胞胎，青堰形成了独有的“双文化”，对双胞胎及“双生”事物也多了一份与生俱来的喜爱和推崇。我们沿着那灵秀幽深的山路溪流走向深处、更深处，与山林对话，与时空对话，与传说对话，与山民对话，与自己的内心对话，便如同走入了这个神秘山村前世今生一场旖旎的梦。

在这场梦里，我们看到了青堰如一颗明珠在历史长河中亘古浮沉。从旧社会激荡传奇的青草坝，到民国时动荡变迁的青堰场，从解放后蛰伏待发的青堰村，再到今天重获生机、焕然一新的双胞胎村。古老而悠扬的得胜铃，响彻川黔盐道的繁华与沉寂；沧桑而古朴的双碉楼，诉说着革命的红色激情；奇巧而壮丽的大红岩洞，凝聚着青堰人智慧的精华；八卦山的传说，双生祭的渊源，无不是青堰悠久历史留下的时空镜像。

在这场梦里，我们看到了青堰人对生命与生俱来的敬畏与生生不息的希望。青堰每年重要的集体活动之一双生祭，主题便是表达对山、对水、对生命的敬畏。在这样的集体意识作用下，青堰人世世代代守护着这片山林以及林中的生灵，于是，有了山间春之生机，夏之绚烂，秋之丰硕，冬之蕴藉，有了云豹这样“传说中的动物”，有了四时生生不息之景。

在这场梦里，我们看到了青堰人与自然最淳朴的相处哲学。“欲取之，必先予之。”山间养蜂人深谙此理，才有了最香甜的“双花蜜”；山野涧流中的美味馈赠，青堰人在保护和口福之间寻到了最微妙的平衡；蝙蝠洞中金鸭子等神奇的传说，恰是对自然和村民一种自发的双向保护；云豹报恩，老虎得道……看似不经的奇闻怪谈里却是青堰人关乎自然与生灵的智慧与领悟。

在这场梦里，我们看到了青堰人对故乡的爱，对父母的孝，对万事万物的接纳与包容。曲拔庙中纪念的是文曲星，更是纪念为了奉养老母放弃荣华富贵的书生；迎亲的婚俗里，满溢着对父母的孝与情；过年时的腊味，石磨上的豆花，腊月里的羊宴，吃出的是亲情、乡情；祖祖辈辈膝前听了一遍又一遍的故事，除夕夜里一年又一年燃至天明的火盆，是青堰最温暖的烟火人间。

在这场梦里，我们看到了青堰人的诚与朴，爱与情。青堰人的生活，如同山间的流水，也许没有烈火油烹的轰轰烈烈，却在一日复一日，一辈复一辈的平淡中执着生长，那种如磐石般的坚定，就是发生在青堰的爱情。陈郎夫妇的相濡以沫，不离不弃，成就了与子偕老的圆满，曲折美满的故事成为青堰“双生七景”的起源。于是，在石中树凄美的传说中，在芦花荡悠长的守望中，我们听到内心阔别良久的期盼，那样的幸福，叫作安心。

在这场梦里，我们看到了青堰人世代相传的最朴素的淳良与担当。传说中，年轻的双胞胎兄弟双楠和双栩，在百年一遇的大旱中，用自己的生命扭转了青堰的命运；一心向道的陈老神仙，面对崩塌的大山，毫不犹豫地用毕生的修为托起山体，守护青堰生灵。传说在这里照进现实，旧社会虎患肆虐时，以“大伯”为代表的普通青堰村民勇敢地站出来保护家园，而更多的时间里，更多平凡的人们则一直用他们平凡的举动默默守护着山林，保护着山中的草木生灵，维护着青堰最纯净和谐的生态资源。

宏伟而沧桑的丹霞崖壁上“双母石”是“双子石”的母亲。我们将自己沉浸入青堰，在那些由各式各样生命形态构成的风景中，在那些充满奇闻怪谈的传说中，看到了这方山水灵魂的母体，川流过历史与未来、传说与现实，承载起这个古老的村落年轻而蓬勃的希望。

而当你读懂了这一切，你就读懂了青堰。这就是我们编写这本《行走青堰》的初心。

这是所有青堰人的故事，行走间，是青堰人的所思所梦，是青堰游子的思乡之情，是青堰的民风民俗，是青堰的奇闻怪谈，是古老的双胞胎村与时代全新的共鸣……